ON
…rreichisches
…ungsinstitut
Austrian Standards
Institute

Die neue Rechtschreibung

BÜROTECHNIK

Stand: 1. Februar 1997
ON V 16

Impressum

Die neue Rechtschreibung
2. Auflage, Stand 1. Februar 1997
1. Auflage, Stand 1. Oktober 1996
ON V 16
ISBN 3-85402-043-0

Medieninhaber und Hersteller:
ON Österreichisches Normungsinstitut
A-1021 Wien, Heinestraße 38
Postfach 130,
Tel. (0222) 213 00 – 805
Fax (0222) 213 00 – 818
Telegramm austrianorm

Originalausgabe „Regelwerk zur neuen Rechtschreibung“ erschienen im PUNKT ZWÖLF Verlag, Innsbruck. Mit freundlicher Genehmigung.

Vorwort

Am 1. Juli 1996 wurde in Wien das internationale Abkommen zur Rechtschreibreform unterzeichnet. Von vielen als Jahrhundertereignis in der Entwicklung der Orthographie bejubelt, von anderen als missglückt, rückschrittlich und benutzerfeindlich abgekanzelt, dürfte die Reform wohl noch lange Zeit für Diskussionsstoff sorgen.

Dass es sich dabei um ein Jahrhundertereignis handelt, ist nicht zu bezweifeln. Immerhin liegt die letzte Änderung unserer Rechtschreibung tatsächlich fast ein Jahrhundert zurück: 1901 wurde eine Reform beschlossen, bei der als wesentlichster Punkt das -th- in deutschen Wörtern eliminiert wurde, zumindest in f a s t allen, denn beim Thron hatte man aus Gründen des Respekts vor den damals Regierenden eine Reform unterlassen – und auf den Thunfisch hatte man vergessen. Heute schmunzeln wir darüber, doch wer weiß, worüber die Menschen in hundert Jahren schmunzeln werden, wenn sie auf das Reformwerk von 1996 zurückblicken ...

Was den Aspekt der Rückschrittlichkeit und des Missglücktseins betrifft, so ist zu bedenken, dass die überwiegende Zahl der Reformer massiv für eine andere Art von Neuerungen eingetreten war, aber unter dem Druck der Politik die Marschrichtung ändern musste. So präsentiert sich das Endprodukt als ein Kompromiss, eine Art größter gemeinsamer Nenner, den die Fachleute gerade noch ertragen und die Politiker gerade noch mittragen konnten.

Wie dem auch sei, die geschriebene Sprache gehört zu den Grundpfeilern unseres Informationszeitalters. Als Information zählt jedoch nur das, was richtig ist. Orthographisch richtig ist aber – schon in allernächster Zukunft – nur noch die neue Rechtschreibung. Seit August 1996 gibt es neue Wörterbücher, die von nun an richtungweisend sind. So wird sich also niemand, der mit dem Verfassen von Schriftstücken zu tun hat, der Reform entziehen können.

Den Zugang dazu will diese Handbuch erleichtern. Denn wer erst einmal die Grundzüge der Reform im Kopf hat, hat schon mehr als die Hälfte des Weges gemeistert.

Dr. Horst Fröhler

ANMERKUNG:
Dieses Vorwort wurde nach den Regeln der neuen Rechtschreibung erstellt.

Der Autor

Dr. Horst Fröhler, Wien
Dr. phil., ua. Studium der Germanistik, Psychologie und Pädagogik; Lehrer und Rechtschreibdidaktiker, Autor von Fachpublikationen und Lehrbüchern im Bereich Deutsch. Prüfer für Deutsch und Kommunikation für Lehrer an kaufmännischen und gewerblichen Berufsschulen. Trainer in der Lehrerfortbildung an den Pädagogischen Instituten und in der Personalentwicklung verschiedener Institutionen.

Die neue Rechtschreibung

Die Reform ist endgültig fix

Die Entscheidungen für die Reform der Rechtschreibung sind endgültig gefallen:
Am 1. Juli 1996 fand in Wien die Unterzeichnung eines entsprechenden internationalen Abkommens statt, auf das sich alle deutschsprachigen Länder geeinigt hatten und dem sich sämtliche Länder mit deutschsprachigen Minderheiten angeschlossen haben.

Terminplan und Reforminhalte

Der **Terminplan für die Inkraftsetzung** ist auf Seite 3f. ersichtlich.

Die inhaltlichen Hauptpunkte der Reform sind auf Seite 5f. aufgelistet.

Das amtliche Regelwerk enthält a l l e Rechtschreibregeln

Das neue amtliche Regelwerk (erschienen im Gunther Narr Verlag, Tübingen) stellt a l l e Regeln der deutschen Rechtschreibung dar. In dieser Gesamtdarstellung sind jedoch keine Hinweise enthalten, welche der Regeln neu und welche unverändert geblieben sind.

Diese Broschüre enthält nur die n e u e n Regeln

Wer in der alten Rechtschreibung geübt ist, will in erster Linie gezielte Informationen über die neu geregelten Bereiche erhalten. – Dieses Informationsbedürfnis will die vorliegende Broschüre abdecken.

Gültigkeitsbereich des neuen Regelwerks

Offiziell kann die Reform nur für staatliche Stellen vorgeschrieben werden, also für Behörden und Schulen.

Im Sinne einer allgemeinen einheitlichen Rechtschreibung werden sich aber auch Verlage, Redaktionen, Firmen und Privatpersonen an der neuen amtlichen Regelung orientieren. Dazu kommt, dass sämtliche neuen Wörterbücher nur noch die neuen Schreibweisen enthalten. Dadurch ist bereits jetzt die auslaufende Rechtschreibung in keinem aktuellen Wörterbuch mehr verzeichnet.

Terminplan für die Einführung der neuen Rechtschreibung

Phase 1

Herbst 1996:
Inoffizieller Start der Reform

In den Schulen wird bereits vom Herbst 1996 an schrittweise mit der Umstellung auf die neue Rechtschreibung begonnen. Die Schüler sollen nicht länger Schreibweisen erlernen müssen, die in ihrem späteren Leben keine Rolle mehr spielen werden.

Phase 2

Herbst 1998:
Offizieller Start der Reform

Von diesem Zeitpunkt an darf an den Schulen generell nur noch die neue Rechtschreibung gelehrt werden.

Neuerscheinungen von Publikationen werden von da an ausschließlich nach den neuen Regeln gedruckt.
Die Schulbücher werden im Rahmen der periodischen inhaltlichen Aktualisierung Zug um Zug auf die neue Rechtschreibung umgestellt. Bücher für den Deutschunterricht sind als erstes vorgesehen.

Phase 3

**Herbst 1998 - Sommer 2005:
Übergangsphase**

In dieser Übergangsphase gelten die alten Schreibweisen neben den neuen in gleicher Weise als „richtig“.

In den Schulen werden auslaufende Schreibweisen zwar noch nicht als Fehler bewertet, aber sie sind dennoch von den Lehrern zu korrigieren und von den Schülern anschließend zu verbessern.

Phase 4

**Ab Herbst 2005:
Es gilt ausnahmslos die neue Rechtschreibung**

Vom Jahr 2005 an sollte jeder mit der neuen Rechtschreibung vertraut sein. Die alten Schreibweisen gelten von da an als falsch und werden in den Schulen dementsprechend als Fehler gewertet.

Neuerscheinungen von Publikationen werden dann seit mittlerweile sieben Jahren nur noch in der neuen Rechtschreibung produziert. Seit ebenso vielen Jahren sind dann keine Wörterbücher mehr in der alten Rechtschreibung erhältlich.
Auch alle Schulbücher werden bis dahin umgestellt sein.

Inhaltliche Hauptpunkte der Reform

Die im Folgenden genannten Bereiche der Rechtschreibung erfahren Änderungen. Es ist jedoch ist zu beachten, dass nicht alle diese Änderungen verpflichtend sind:

1	**Neuregelung für die Schreibweise einzelner Wörter** (Seite 7)	Änderungen großteils **verpflichtend,** z. T. auch freigestellt (Wahlmöglichkeit)
2	**Neuregelung für die Anwendung von ss und ß** ***Regel 1*** (Seite 13)	Änderungen **verpflichtend**
3	**Zusammentreffen von 3 gleichen Buchstaben** ***Regeln 2 - 3*** (Seite 17)	Änderungen **verpflichtend**
4	**Getrennt- und Zusammenschreibung** ***Regeln 4 - 15*** (Seite 20)	Änderungen großteils **verpflichtend,** z. T. auch freigestellt (Wahlmöglichkeit)

5	**Groß- und Kleinschreibung** ***Regeln 16 - 24*** (Seite 33)	Änderungen größtenteils **verpflichtend,** z. T. auch freigestellt (Wahlmöglichkeit)
6	**Fremdwortschreibung** ***Regeln 25 - 30*** (Seite 42)	Änderungen größtenteils **freigestellt** (Wahlmöglichkeit)
7	**Worttrennung am Zeilenende** (= Silbentrennung/ 'Abteilen') ***Regeln 31 - 35*** (Seite 47)	Änderungen teils **verpflichtend,** teils freigestellt (Wahlmöglichkeit)
8	**Zeichensetzung** ***Regeln 36 -45*** (Seite 50)	Änderungen großteils **verpflichtend,** z. T. auch freigestellt (Wahlmöglichkeit)

ACHTUNG: Diese Wahlmöglichkeiten bleiben auch nach dem Jahr 2005 aufrecht!
Innerhalb eines Textes muss die Schreibweise eines Wortes aber jeweils gleich bleiben.

---

1 Neuregelung der Schreibweise einzelner Wortstämme bzw. Wörter

(z. T. verpflichtend, z. T. freigestelltI)

Bei einigen **Wortstämmen**, die bisher in verschiedenen Wortarten verschieden zu schreiben waren, wird die Schreibweise vereinheitlicht.

Bei einigen **einzelnen Wörtern** wird – aus jeweils unterschiedlichen Gründen – die Schreibweise des Wortstammes geändert. Einige der Regelungen in diesem Bereich sind verpflichtend, bei anderen handelt es sich um neu eingeführte Wahlmöglichkeiten.

1.1 Verpflichtende Neuregelungen

Bisher	Neu	Begründung
Alp, der	**Alb(e), der**	Bedeutungsunterscheidung: „der Alb(e)“ ist die Bezeichnung für einen Bergdämon, ‘die Alp’ ist ein landschaftlich verwendetes Wort für ‘Alm’
As	**Ass**	wegen der Mehrzahlform „Asse“
behende	**behände**	wegen der Herkunft von „Hand“
belemmert	**belämmert**	wegen der landläufigen Zuordnung zu „Lamm“; die Ableitung ist jedoch sachlich unzutreffend: belemmert leitet sich von *niederdeutsch* ‘belemmeren’ (hemmen, verlegen machen) ab

Bisher	Neu	Begründung
einbleuen	**einbläuen**	wegen der landläufigen Zuordnung zu „blau“; diese Ableitung ist jedoch sachlich unzutreffend: das *niederdeutsche* Wort „bliuwen“ bedeutete „prügeln, schlagen“
Fön, föhnen	**Föhn, föhnen**	der Heißlufttrockner soll gleich geschrieben werden wie das Herkunftswort: Föhn = warmer Wind; was unverändert bleibt, ist das registrierte Warenzeichen „Fön“
fritieren, Fritüre	**frittieren, Frittüre** *aber unverändert:* Pommes frites	Eindeutschung mit Orientierung an der Aussprache
Gemse	**Gämse**	wegen „Gamsbart“
Greuel, greulich *oder* gräulich	**Gräuel, gräulich**	wegen der Herkunft von „Grauen“; somit hat das Wort „gräulich“ in Zukunft zwei Bedeutungen: „leicht grau“ und „grauenhaft“
Jäheit	**Jähheit**	der Entfall von einem -h- war unbegründet
Känguruh	**Känguru**	Angleichung an die Schreibweise von „Gnu“ und „Kakadu“
Karamel	**Karamell, karamellisieren**	wegen „Karamellen“ und der Gleichschreibung zu analogen Wörtern wie Mamsell, Karussell, Tunell,...

Bisher	Neu	Begründung
Mop	**Mopp**	wegen der Parallelität zu analogen Wortformen wie „hopp, Nepp, klapp, ...“
numerieren	**nummerieren, Nummerierung** *Anm.:* numerisch, Numero, Numerus *und* Numerateur *bleiben unverändert*	Angleichung der Schreibweise an „Nummer“
plazieren	**platzieren**	Eindeutschung und Zuordnung zu „Platz“
Pußta, *österr. auch* Puszta	**Puszta**	verpflichtende Wiedereinführung der Originalschreibung
Quentchen	**Quäntchen**	wegen der landläufigen Zuordnung zu „Quantum“; diese Ableitung ist jedoch sachlich unzutreffend: das Quent war ein altes deutsches Handelsgewicht
Quickstep	**Quickstepp**	Eindeutschung; Näheres siehe „Mopp“
rauh	**rau**	weil es das einzige Wort mit au+h am Wortende war; *vgl.* „blau, schlau, genau..."; zur Beachtung: „Rauheit“ (ein h!) bleibt daher unverändert
Roheit	**Rohheit**	der Entfall von einem -h- war unbegründet
schneuzen	**schnäuzen**	wegen der Herkunft von „Schnauze“

Bisher	Neu	Begründung
Stengel	**Stängel**	wegen der Herkunft von „Stange“
Step(tanz)	**Stepp**(tanz)	Eindeutschung; Näheres siehe „Mopp“
Stop	**Stopp,** der *Anm.*: die Aufschrift auf Stopptafeln bleibt „STOP“!	Eindeutschung; Näheres siehe „Mopp“
Stukkateur	**Stuckateur**	Gleichschreibung mit „Stuck“
Tip	**Tipp**	Eindeutschung; Näheres siehe „Mopp“
Tolpatsch	**Tollpatsch, tollpatschig**	Angleichung der Schreibweise an „toll“; diese Zuordnung ist jedoch sachlich unzutreffend: das Wort kommt von *ungarisch* „talpas (=breitfüßig, ungelenk)“
Twostep	**Twostepp**	Eindeutschung; Näheres siehe „Mopp“
überschwenglich	**überschwänglich**	wegen der Herkunft von „Überschwang“
verbleuen	**verbläuen**	siehe „einbleuen“
Wächte	**Wechte** (Schneewechte)	wegen der Herkunft von „wehen“
Zäheit	**Zähheit**	der Entfall von einem -h- war unbegründet
Zierat	**Zierrat**	wegen der landläufigen Deutung als Zusammensetzung aus Zier+Rat, ähnlich „Hausrat“, „Unrat“; dies ist jedoch sachlich unzutreffend: -at ist eine alte Nachsilbe (vgl. ‘Heimat’)

1.2 Neue Wahlformen

Einige Wörter erhalten zusätzlich zur bisherigen Schreibweise **neue Wahlformen**:

Bisherige Schreibweise	**Neue Schreibweise**		
aufwendig	**aufwendig**	*oder*	**aufwändig** *Anm.*: für das Ausgangswort 'aufwenden' ist keine Wahlform vorgesehen
Alptraum	**Alptraum**	*oder*	**Albtraum**
Blesshuhn	**Blesshuhn**	*oder*	**Blässhuhn**
Joghurt	**Joghurt**	*oder*	**Jogurt**
Ketchup	**Ketchup**	*oder*	**Ketschup (!)**
Mesner (*schweiz.* Mesmer)	**Mesner/ Mesmer**	*oder*	**Messner**
Panther	**Panther**	*oder*	**Panter**
Schenke	**Schenke**	*oder*	**Schänke**
selbständig	**selbständig**	*oder*	**selbstständig**
Spaghetti	**Spaghetti**	*oder*	**Spagetti**
tschüs	**tschüs**	*oder*	**tschüss**
Thunfisch	**Thunfisch**	*oder*	**Tunfisch**
Waggon	**Waggon**	*oder*	**Wagon**

ACHTUNG: Diese Wahlmöglichkeiten bleiben auch nach dem Jahr 2005 aufrecht!
Innerhalb eines Textes muss die Schreibweise eines Wortes aber jeweils gleich bleiben.

ANMERKUNG:

Weiterhin erlaubte Wahlformen

Schon bisher gab es für eine Reihe eingedeutschter Fremdwörter Wahlformen, z. B. **Majonäse, Dränage, Polonäse, Mohär**, u. a. Sie sind daher in obiger Liste der neuen Wahlfomen nicht enthalten.
Die in den Medien häufig verbreitete Darstellung, dass „Majonäse" eine verpflichtende neue Schreibweise wäre, entspricht also nicht den tatsächlichen Gegebenheiten.

Reformpläne teilweise zurückgenommen

Einige Wörter, deren Reform ursprünglich geplant war, werden nun doch nicht geändert. So wird es – entgegen häufigen Meldungen in den Medien – **nicht** die Schreibungen **Frefel, Tron, Packet, Zigarrette**, u. a. geben.
Dasselbe gilt auch für eine Reihe griechischer Fremdwörter: Die Schreibweisen **Reuma** oder **Katastrofe** etwa sind **nicht** mehr vorgesehen. Näheres dazu siehe S. 45.

Keine Gleichschreibung aller verwandten Wortstämme

Auch nach der Reform wird die Schreibung vieler verwandter Wörter **nicht gleichgezogen bleiben**: z. B.

blühen - die Blüte,	glühen - die Glut,
älter - die Eltern	Detail - detailliert,
Hotel - Hotellerie,	u.v.a.

(Übungen zu Kapitel 1 siehe Seite I)

2 Neuregelung für die Anwendung von ss und ß
(verpflichtend)

Die alte Regelung (zum Vergleich)

Ein stark gesprochenes ('stimmloses') **-s-** wurde als **-ss-** geschrieben, wenn **3 Bedingungen** erfüllt waren:
- **vorher Selbstlaut**
- **nachher Selbstlaut**
- **vorderer Selbstlaut kurz**.

War nur eine einzige dieser Bedingungen nicht erfüllt, mußte **-ß-** geschrieben werden.

Beispiele:

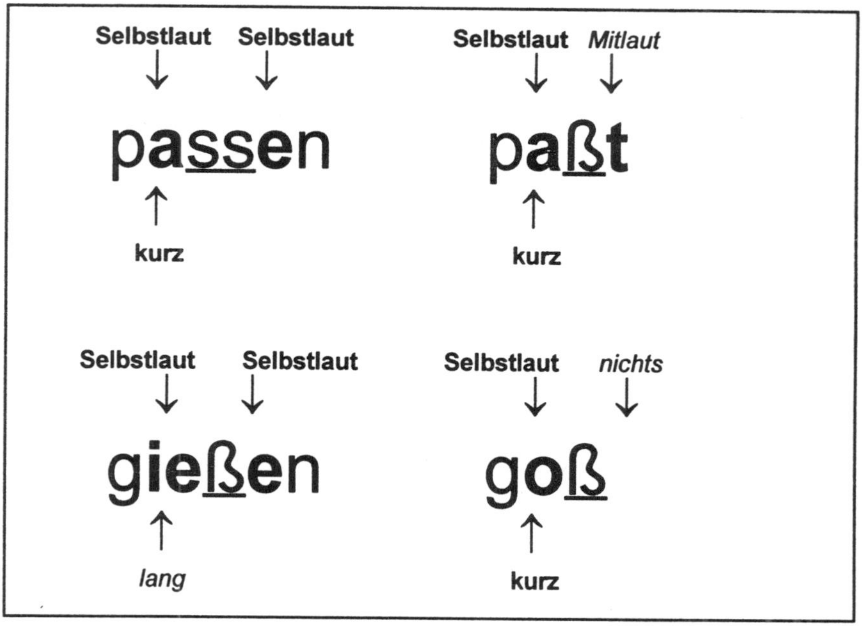

Diese Regelung hatte zur Folge, dass **-ß-** häufiger war als **-ss-**.

Die neue Regelung:

Regel 1 **(verpflichtend)**

Ein stark gesprochenes ('stimmloses') **-s-** wird als **-ss-** geschrieben, wenn **zwei Bedingungen** erfüllt sind:

- **vorher** muß ein **Selbstlaut** stehen
- dieser Selbstlaut muß beim Sprechen **kurz** klingen.

Zur Beachtung*:* **Zwielaute** (au, ei, eu...) gelten weiterhin als **lang**!

Daraus ergibt sich nun für die s-Schreibung folgendes neue Bild:

Beispiele:

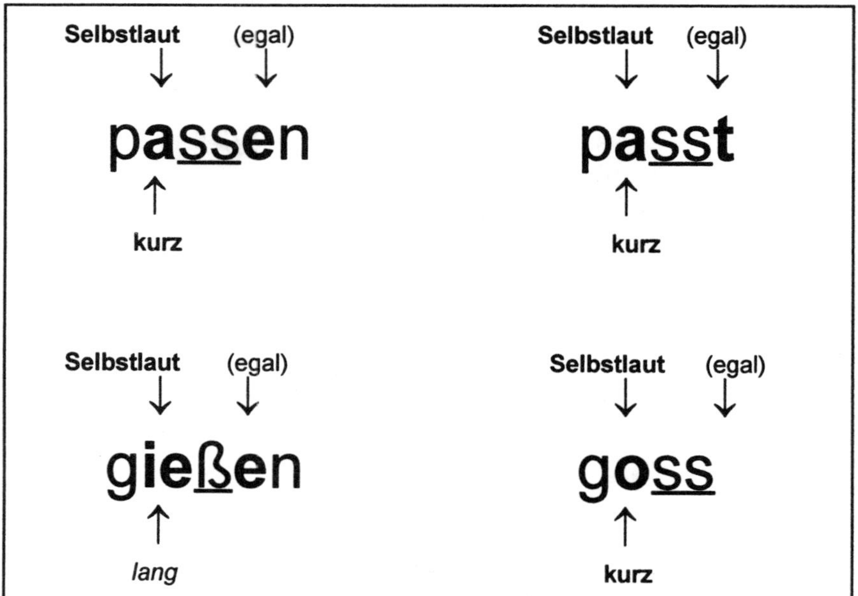

Die Neuregelung hat den **Vorteil**, dass – außer bei einigen Verben mit Stammwechsel, siehe oberes Beispiel – in ein und demselben Wortstamm die Schreibweise nicht mehr wechselt. Sie hat aber den **Nachteil**, dass jeder geübte Schreiber – zumindest für einige Zeit – immer wieder unwillkürlich die alten Schreibweisen anwenden wird.

Einige weitere Beispiele, wie sich die Neuregelung auswirkt:

Kurzer Selbstlaut zieht **in jedem Fall -ss-** nach sich:

Gasse, Messer, Schluss, Fass, Stress,
es passt, gewiss, ...

Bei den Nomen/Namenwörtern (früher: Substantive/ Hauptwörter) hat dies nun zur Folge, dass Ein- und Mehrzahlformen immer gleich geschrieben werden:

Schluss - Schlüsse,
Fass - Fässer,
Kongress - Kongresse usw.

Langer Selbstlaut oder **Zwielaut** ziehen **in jedem Fall -ß-** nach sich:

Maß, Straße, büßen, scheußlich, heiß, Fuß, ...

Der neuen Regel entsprechend ändert sich auch das **Bindewort daß:**

Es steht fest, **dass** dieses Wort in
Zukunft mit **-ss** zu schreiben ist...

ANMERKUNG:
Der ursprüngliche Plan, zwischen den Wörtern „das" und „dass" orthographisch nicht mehr zu unterscheiden, wurde fallen gelassen. Man wird daher weiterhin genau unterscheiden müssen zwischen „das" im Sinn von „dies(es) / ein / welches" und dem Bindewort „dass", für das es kein Ersatzwort gibt.

Einige Beispiele für die neue Situation in Wortreihen:

Durchgehend -ss- , anders als bisher:

müssen - du musst - er muss - musste
Nuss - Nüsse - Nussknacker - Nussschalen

Durchgehend -ß- , unverändert wie bisher:

grüßen - grüßte - gegrüßt - der Gruß

Wechsel zwischen -ss- und -ß-, anders als bisher:

gießen - es gießt - goss - gegossen - der Guss - die Gießerei

beißen - er beißt - biss - gebissen - der Biss

lassen - sie lässt - ließ - gelassen - lass!

Wechsel zwischen -ss- und -ß-, unverändert wie bisher:

sitzen - saß - gesessen - der Sessel

Zur Beachtung:
Durch die neue Regel für die Anwendung von -ss- und -ß- ergibt sich die Notwendigkeit, so lange auf die Schreibweise jedes einzelnen Wortes zu achten, bis die neuen Schreibungen automatisiert sind.

ANMERKUNG:
Die **Schweiz** schließt sich dieser Neuregelung nicht an. Sie bleibt bei ihrer schon seit langem praktizierten Lösung, das scharfe ß generell durch -ss- zu ersetzen.

(Übungen zu Kapitel 2 siehe Seite II)

3 Zusammentreffen von drei gleichen Buchstaben

(z.T. verpflichtende, z.T. freigestellte Neuregelung)

3.1 Zusammentreffen von drei gleichen Mitlauten

(verpflichtende Neuregelung)

Bisher gab es für diesen Sonderfall der Rechtschreibung

- zwei verschiedene Regelungen,
- eine Zusatzregel für die Worttrennung und
- drei Ausnahmen bei der Worttrennung.

Beispiel:

Die alte Regelung (zum Vergleich)

Fall 1:	Fall 2:
Schi**ff** + **F**ahrt wurde zu	Sto**ff** + **F**leck wurde zu
Schi**ff**ahrt	Sto**fff**leck
Bisherige Regel dazu:	**Bisherige Regel dazu:**
Von drei gleichen Mitlauten wurden nur **zwei** geschrieben, wenn danach ein **Selbstlaut** folgte.	Von drei gleichen Mitlauten wurden **alle drei** geschrieben, wenn danach ein **weiterer Mitlaut** folgte.

Zusatzregel für die Worttrennung:

Beim Abteilen an der Wortgrenze wurden **in jedem Fall alle drei Mitlaute** geschrieben. (Schiff - fahrt, Stoff-fleck)

Ausnahmen bei der Worttrennung:

Mittag → Mit-tag   dennoch → den-noch   Dritte(i)l → Drit-te(i)l

Die Unterschiedlichkeit der Regelung wurde beseitigt, wodurch zugleich die Zusatzregelung für die Worttrennung entfallen ist; die Ausnahmen bleiben allerdings unverändert:

Die neue Regelung:

Regel 2	**(verpflichtend)**
Treffen in Zusammensetzungen **drei gleiche Mitlaute** aufeinander, werden **immer alle drei geschrieben.**	

Beispiele:

Schi**ff** + **F**ahrt	→	Schi**fff**ahrt
Sto**ff** + **F**leck	→	Sto**fff**leck (unverändert)
dä**mm**(en) + **M**asse	→	Dä**mmm**asse
Kongre**ss** + **S**tadt	→	Kongre**sss**tadt

Zur Schreibmöglichkeit mit Bindestrich siehe S. 55.

Die **Ausnahmen bleiben** bestehen:

Ausnahme		Trennung
Mittag	→	**Mit - tag**
dennoch	→	**den - noch**
Dritte(i)l	→	**Drit - t(e)il**

Diese Wörter werden weiterhin - egal ob zusammen oder getrennt - nur mit **zwei** Mitlauten geschrieben.

3.2 Zusammentreffen von drei gleichen Selbstlauten
(freigestellte Neuregelung)

Regel 3	**(freigestellt)**
Treffen in Zusammensetzungen **drei gleiche Selbstlaute** aufeinander, können alle drei direkt **zusammengeschrieben** werden.	

Es besteht nicht mehr wie bisher die Verpflichtung, in solchen Fällen an der Zusammensetzungsfuge einen Bindestrich zu setzen, doch kann man weiterhin von dieser Möglichkeit Gebrauch machen.

Beispiele:

Zusammensetzung	Wahlformen für die Schreibweise		
Tee + Ei	**Teeei**	*oder*	**Tee-Ei**
Hawaii + Inseln	**Hawaiiinseln**	*oder*	**Hawaii-Inseln**
Zoo + Orchester	**Zooorchester**	*oder*	**Zoo-Orchester**

(Übungen zu Kapitel 3 siehe Seite III)

4 Getrennt- und Zusammenschreibung

(größtenteils verpflichtende Neuregelungen)

Für diesen Bereich wird eine **neue Grundregel** eingeführt:

Der **Normalfall** ist die **Getrenntschreibung**. Nur dort, wo es ausdrückliche Regeln oder Festlegungen gibt, gilt die Zusammenschreibung.

Trotzdem werden in der Folge **die neuen Regeln für die Getrenntschreibung** im Einzelnen dargelegt, weil nur so die geänderten Grundsätze im Vergleich zur früheren Situation deutlich gemacht werden können:

4.1 Getrenntschreibung beim Verb (Gruppe 1)

4.1.1 Nomen + Verb

Regel 4	**(verpflichtend)**
Nomen + Verb werden getrennt geschrieben.	

Beispiele:

Bisherige Schreibweise (unterschiedlich geregelt)	**Neue Schreibweise (einheitlich geregelt)**
Auto fahren	**Auto fahren**
eislaufen	**Eis laufen**
zu Fuß gehen	**zu Fuß gehen**

Bisherige Schreibweise (unterschiedlich geregelt)	**Neue Schreibweise (einheitlich geregelt)**
leidtun	**Leid tun**
maßhalten	**Maß halten**
radfahren	**Rad fahren**
Schi laufen	**Schi laufen**

Ausnahme zu Regel 4:

Untrennbare Zusammensetzungen von Nomen + Verb bleiben weiterhin in Kleinschreibung erhalten.

Beispiele:

handhaben, bergsteigen, bruchrechnen, punktschweißen, ...

Kennzeichen für die Untrennbarkeit:

handhaben → ~~ich habe hand~~ (Trennung wie bei 'ich fahre Auto' nicht möglich)

→ ich handhabe (Zusammensetzung bleibt immer fix)

4.1.2 Adjektiv + Verb

Regel 5	**(verpflichtend)**
Steht ein steigerbares (oder durch „sehr“, „viel“ oder „ganz“ erweiterbares) **Adjektiv bei einem Verb, dann ist getrennt zu schreiben.** **Ist keine Steigerungs- oder Erweiterungsmöglichkeit gegeben, wird zusammengeschrieben.**	

Beispiele:

Bisherige Schreibweise	**Neue Schreibweise**
leichtfallen	**leicht fallen** → *Probe:* leicht**er** fallen
fernliegen	**fern liegen** → *Probe:* **sehr** fern liegen
bessergehen	**besser gehen**→ *Probe:* **viel** besser gehen
offenbleiben	**offen bleiben** → *Probe:* **ganz** offen bleiben

Unverändert bleiben demzufolge z. B. folgende Wörter, weil sie weder steigerbar noch erweiterbar sind:

fernsehen, festsetzen, hochrechnen, wahrsagen ...

ZUR BEACHTUNG:
Für die Entscheidung, ob **Adjektiv + Verb** getrennt oder zusammengeschrieben werden sollen, ist also von nun an nur noch das Kennzeichen der Steigerbarkeit/ Erweiterbarkeit ausschlaggebend.
Die frühere Unterscheidung nach Grundbedeutung (Getrenntschreibung) und übertragener Bedeutung (Zusammenschreibung) gibt es – zumindest beim Typus **Adjektiv + Verb** – nicht mehr.
Trotzdem ergibt sich auch weiterhin eine ganze Reihe zweigleisiger Schreibweisen. Scheinbar gleich geblieben ist folgendes Wortpaar:

frei sprechen (= ohne Manuskript sprechen) Grundbedeutung – Getrenntschreibung, weil die Probe mit „**ganz** frei sprechen“ möglich ist

freisprechen (= für unschuldig erklären) übertragene Bedeutung – Zusammenschreibung, weil keine Steigerungs-/ Erweiterungsprobe möglich ist

Bei „groß schreiben“ bzw. „großschreiben“ hat sich die Situation durch das neue Entscheidungskriterium folgendermaßen verändert:

großschreiben (= mit großem Anfangsbuchstaben schreiben) übertragene Bedeutung – Zusammenschreibung, weil keine Steigerungs-/ Erweiterungsprobe möglich ist

groß schreiben (= in großer Schrift schreiben) Grundbedeutung – Getrenntschreibung, weil die Steigerungsprobe möglich ist: „größer schreiben“

groß schreiben (= besonderen Wert legen auf etwas) übertragene Bedeutung – Getrenntschreibung, weil die Erweiterungsprobe möglich ist: „ganz groß schreiben“

Hier die drei Schreibweisen nochmals im Vergleich zum Bisherigen:

Bisherige Schreibweise	Wortbedeutung	**Neue Schreibweise**
groß schreiben	in großer Schrift schreiben	**groß schreiben**
großschreiben	mit großem Anfangsbuchstaben schreiben	**großschreiben**
großschreiben	besonderen Wert legen	**groß schreiben**

↑ Bisheriges Einstufungsmerkmal: Wortbedeutung

↑ **Neues Einstufungsmerkmal: Steigerbarkeit/ Erweiterbarkeit**

Regel 6	**(verpflichtend)**
Wörter mit der Endung -ig, werden vom Verb getrennt geschrieben (wie schon bisher Wörter auf -isch und -lich).	

Beispiele:

läst**ig** fallen, übr**ig** bleiben, ruh**ig** stellen, ...
(schon bisher: krit**isch** denken, freund**lich** grüßen...)

Hinweis:

Dementsprechend werden auch die Mittelwortformen dieser Wörter getrennt geschrieben:

lästig gefallen, übrig geblieben, ruhig gestellt, ...

4.1.3 Partizip + Verb

Regel 7	**(verpflichtend)**
Partizip + Verb werden immer getrennt geschrieben.	

Beispiele:

gefangen nehmen, (*bisher:* gefangennehmen)
getrennt schreiben, (*bisher:* getrenntschreiben)
verloren gehen, ... (*bisher:* verlorengehen)

Hinweis:

Dementsprechend werden auch die Mittelwortformen dieser Wörter getrennt geschrieben:

gefangen genommen,getrennt geschrieben,
verloren gegangen, ...

4.1.4 Verb + Verb

Regel 8	**(verpflichtend)**
Verb + Verb werden immer getrennt geschrieben.	

Beispiele:

kennen lernen, (*bisher:* kennenlernen)
sitzen bleiben, (*bisher auch:* sitzenbleiben)
spazieren gehen, ... (*bisher:* spazierengehen)

Hinweis:

Dementsprechend werden auch die Mittelwortformen dieser Wörter getrennt geschrieben:

kennen gelernt, sitzen geblieben, spazieren gegangen

4.1.5 Verbindungen mit „sein"

Regel 9	**(verpflichtend)**
Verbindungen mit „sein" werden immer getrennt geschrieben.	

Beispiele:

bereit sein, da sein, fertig sein, beisammen sein,
sicher sein... (*bisher:* bereitsein, dasein, fertigsein, ...)

ZUR BEACHTUNG:
Nominalisierte Infinitive werden weiterhin zusammengeschrieben, weil die Zusammenschreibung bei Nomen nicht geändert wurde:

das Dasein, das Beisammensein, ...

4.1.6 Adverb + Verb

Regel 10	**(verpflichtend)**
Zusammengesetzte Adverbien werden vom Verb **getrennt geschrieben** – sofern sie nicht in der nachfolgenden Liste der Ausnahmen verzeichnet sind.	
Einteilige Adverbien werden demzufolge vom Verb **nicht getrennt**.	

Erläuterung:

Zusammengesetzte Adverbien bestehen aus zwei oder mehr sprachlichen Bedeutungselementen, z. B.

auf-wärts, aus-wendig, zu-ein-ander, ...

Beispiele für Getrenntschreibung:

aufwärts gehen, *(bisher:* aufwärtsgehen)
abhanden kommen, *(bisher:* abhandenkommen)
beiseite legen, *(bisher* beiseitelegen)
zunichte machen, ... *(bisher:* zunichtemachen)

Beispiele für Zusammenschreibung:

ausgeben	**bei**legen
einholen	**nach**geben
vorstellen	**zu**teilen
überlegen	**zwischen**lagern ...

Diese – an sich klare – Regel wird leider durch eine massive Zahl von Ausnahmen de facto unanwendbar gemacht.
Insgesamt 65 (!) zusammengesetzte Adverbien sind von dieser Regel ausgenommen:

Ausnahme zu Regel 10: **(verpflichtend)**

Folgende zusammengesetzte Adverbien werden immer mit dem Verb zusammengeschrieben:

beisammen-	**gegenüber-**	**hinterher-**
dabei-	**herab-**	**hinüber-**
dafür-	**heran-**	**hinunter-**
dagegen-	**herauf-**	**hinweg-**
daher-	**heraus-**	**hinzu-**
dahin-	**herbei-**	**überein-**
daneben-	**herein-**	**umher-**
d(a)ran-	**hernieder-**	**umhin-**
d(a)rein-	**herüber-**	**voran-**
da(r)nieder-	**herum-**	**vorauf-**
darum-	**herunter-**	**voraus-**
davon-	**hervor-**	**vorbei-**
dawider-	**herzu-**	**vorher-**
dazu-	**hinab-**	**vorüber-**
dazwischen-	**hinan-**	**vorweg-**
drauflos-	**hinauf-**	**zurecht-**
einher-	**hinaus-**	**zurück-**
empor-	**hindurch-**	**zusammen-**
entgegen-	**hinein-**	**zuvor-**
entlang-	**hintan-**	**zuwider-**
entzwei-	**hintenüber-**	

Beispiele:

beisammenbleiben,
dafürstehen,
hervorbringen,
zusammenstellen, ...

Ausnahme zur Ausnahme zu Regel 10: (verpflichtend)

Steht eines der oben genannten Wörter in Verbindung mit einem Verb, dann ist zu prüfen, ob es sich dabei um die **wörtliche Bedeutung** oder um eine **übertragene Bedeutung** handelt.

Dabei gilt dann folgende Regel:

wörtliche Bedeutung → **Getrenntschreibung**
übertragene Bedeutung → **Zusammenschreibung**

Beispiel:

dabei sitzen *oder* **dabeisitzen** ?

Ihre Arbeit ist es, diese Ware zu verpacken;
Sie können **dabei sitzen** oder stehen.

↑

Wörtliche Bedeutung: bei einer bestimmten Tätigkeit **sitzen**

Wenn Sie ebenfalls in der Runde **dabeisitzen,** werden Sie sehen, ...

↑

Übertragene Bedeutung: dabeisitzen im Sinne von **teilnehmen**

ZUR BEACHTUNG:
Für diesen verschwindenden Teilbereich ist also das Entscheidungskriterium „wörtliche oder übertragene Bedeutung?“ aufrecht geblieben.
Für alle anderen Bereiche der Rechtschreibung hingegen wurde die Gültigkeit dieser Regel aufgehoben!

Der Bereich der **Getrennt- und Zusammenschreibung** wird somit weiterhin eines der schwierigsten Gebiete unserer Rechtschreibung bleiben und in letzter Konsequenz **nie im Einzelnen behaltbar** sein.

Wohl im Hinblick darauf wurde ein Grundsatz eingeführt, der die komplizierte Situation etwas entschärfen soll:

Zusatzregel zu Regel 10:

Lässt sich aus Regel 10 und den angeführten Ausnahmebestimmungen keine klare Entscheidung treffen, bleibt es dem Schreiber freigestellt, ob er sich für Getrennt- oder Zusammenschreibung entscheidet.

Konsequenzen:

- **Das Wörterbuch wird immer zur Hand sein müssen!**
- **Bei der Bewertung der 'Richtigkeit' von Schriftstücken anderer ist auf diesem Gebiet größtmögliche Toleranz angezeigt!**

4.2 Getrenntschreibung bei Adjektiv, Partizip und Zahlwort (Gruppe 2)

4.2.1 Adjektiv/Partizip + Adjektiv/Partizip

Regel 11	**(verpflichtend)**
Adjektiv + Adjektiv/Partizip werden getrennt geschrieben, wenn der erste Bestandteil steigerbar (oder durch „sehr“ oder „ganz“ erweiterbar) **ist.**	

Beispiele:

Bisherige Schreibweise	**Neue Schreibweise**
dichtgedrängt	**dicht gedrängt** → *Probe:* dicht**er** gedrängt
reingolden	**rein golden** → *Probe:* **ganz** rein golden
fettgedruckt	**fett gedruckt** → *Probe:* **sehr** fett gedruckt

ZUR BEACHTUNG:
Unverändert bleibt somit die Schreibweise von Wörtern wie

bitterböse, gemeingefährlich, kaltschnäuzig, ...

weil weder Steigerung noch Erweiterung des **ersten** Bestandteils möglich sind.

Regel 12	**(verpflichtend)**
Partizip + Adjektiv werden getrennt geschrieben.	

Beispiele:

kochend heiß,
gestochen scharf,
leuchtend blau...

Regel 13	**(verpflichtend)**
Partizipien werden vom ersten Bestandteil **getrennt geschrieben, wenn** auch das **Ausgangsverb getrennt** geschrieben wird.	

Beispiel:

auswendig gelernt ← *wegen* auswendig lernen
daheim geblieben ← *wegen* daheim bleiben
gefangen genommen ← *wegen* gefangen nehmen

Regel 14	**(verpflichtend)**
Wörter, die auf -ig enden, werden vom zweiten Bestandteil getrennt geschrieben (wie schon bisher Wörter auf -isch und -lich).	

Beispiele:

winz**ig** klein,
richt**ig** gehend,
schmutz**ig** grau, ...

(*bisher schon:* mikroskop**isch** klein, herr**lich** frisch...)

4.2.2 Nomen + Adjektiv/Partizip

Regel 15	**(verpflichtend)**
Nomen + Adjektiv/Partizip werden getrennt geschrieben.	

Beispiele:

Leid tragend, (*bisher:* leidtragend)
Holz verarbeitend, (*bisher:* holzverarbeitend)
Vertrauen erweckend, ... (*bisher:* vertrauenerweckend)

Ausnahme zu Regel 15: (verpflichtend)

Steht der **erste Bestandteil für eine Wortgruppe**, dann wird **zusammengeschrieben.**

Beispiele:

jahrelang	(= **mehrere** Jahre lang)
meterhoch	(= **einen** Meter hoch)
händeringend	(= **die** Hände ringend)
hitzebeständig	(= **gegen** Hitze beständig)
freudestrahlend	(= **vor** Freude strahlend)

Zusatzregel zu den Regeln 11 – 15:

Lässt sich aus Regel 15 und der angeführten Ausnahmebestimmung keine klare Entscheidung treffen, bleibt es dem Schreiber freigestellt, ob er sich für Getrennt- oder Zusammenschreibung entscheidet.

Somit zeigt sich, dass die Situation bei der Getrenntschreibung von bisher zusammengesetzten Adjektiven/Partizipien ähnlich kompliziert ist wie bei den bisher zusammengesetzten Verben. Der Toleranzappell (siehe Seite 29 unten) gilt daher in gleicher Weise auch für diesen Bereich.

ZUR BEACHTUNG:
Weitere Änderungen der Getrennt- und Zusammenschreibung sind im folgenden Kapitel „Groß- und Kleinschreibung“ abgehandelt.

(Übungen zu Kapitel 4 siehe Seite IV)

5 Groß- und Kleinschreibung

(Änderungen größtenteils verpflichtend)

VORBEMERKUNG:
Die Neuregelungen zielen einerseits auf eine vermehrte Großschreibung ab - vor allem im Bereich der bisherigen Zweifelsfälle –, andererseits wurde aber eine Reihe bisheriger Großschreibungen nun der Kleinschreibung zugewiesen.
Die hier gegebene Darstellung zeigt die wichtigsten **Neuerungen** und eventuell damit verbundene Zweifelsfälle auf.

5.1 Schreibung von Anredepronomen

Regel 16 (verpflichtend)
Die **Anredepronomen** (vertraute Anrede) **du** und **ihr** sowie die dazugehörenden Possessivpronomen **dein und euer** schreibt man **auch in** Briefen und anderen persönlichen Mitteilungen **klein.**

Beispiele:

Bisher in Briefen und persönlichen Mitteilungen	**Neu in Briefen und persönlichen Mitteilungen**
Liebe Ingrid, danke für Deinen netten Brief ... Wie Du sicher schon weißt, ... - Macht Euch Eure Katze noch immer Sorgen? ... - Wollt Ihr uns im Sommer besuchen?	*Liebe Ingrid, danke für deinen netten Brief ... Wie du sicher schon weißt,... - Macht euch eure Katze noch immer Sorgen?... - Wollt ihr uns im Sommer besuchen?*

ZUR BEACHTUNG:
Die Höflichkeitsformen **Sie, Ihr, ...** bleiben unverändert immer in Großschreibung.

Beispiel:

Liebe Frau Buchner, danke für Ihren netten Brief. Wie Sie sicher schon wissen,... Macht Ihnen Ihre Katze noch immer Sorgen? ... Wollen Sie uns im Sommer besuchen?.

Merkregel:

Höflichkeitsformen	**Sie, Ihr, ...**	i m m e r	**groß.**
Vertraute Anrede	**du, dein ...**	i m m e r	**klein.**

5.2 Nomen in festen Fügungen

Regel 17	(verpflichtend)
Nomen als **Bestandteile fester Fügungen werden** generell **großgeschrieben.**	

Beispiele:

Bisher	Neue Regelung
in **a**cht nehmen außer **A**cht lassen	in **Acht** nehmen außer **Acht** lassen

Bisher	Neue Regelung
angst machen	**Angst** machen
Angst haben	**Angst** haben
in **b**ezug auf	in **Bezug** auf
mit **B**ezug auf	mit **Bezug** auf
eislaufen	**Eis** laufen
kopfstehen	**Kopf** stehen
maßhalten	**Maß halten**
Rad fahren, Auto/ Schi fahren...	**Rad** fahren, Auto / Schi fahren
recht haben	**Recht** haben
im **R**echt sein	im **Recht** sein
von **s**eiten	von **Seiten**

Ausnahme 1 zur Regel 17:

Für einige Wendungen, die traditionell in Zusammenschreibung eingeführt waren, werden nun **Wahlmöglichkeiten freigestellt** (klein und zusammen oder groß und getrennt):

auf Grund	aufgrund
zu Grunde gehen	zugrunde gehen
an Hand	anhand
auf Seiten	aufseiten
von Seiten	vonseiten *(Kleinschreibung nur bei Zusammenschreibung!)*

Ausnahme 2 zur Regel 17:

Feste aus anderen Sprachen entlehnte Fügungen bleiben unverändert in Kleinschreibung.

Beispiele:

in flagranti, de facto, coram publico, ..

Ausnahme 3 zur Regel 17:

Nomen als Bestandteile fester Fügungen mit „bleiben“, „sein“ und „werden“ sind generell kleinzuschreiben, z. B.:

mir **wird angst** und bange	*aber:* ich habe Angst / Bange
ich **bin es leid**	*aber:* es tut mir Leid
es **ist** ihr **recht** so	*aber:* sie hat Recht / gibt mir Recht
er **ist schuld** daran	*aber:* er hat Schuld daran
die Firma **ist pleite**	*aber:* die Firma macht Pleite
er wird uns **gram bleiben**	*aber:* von Gram erfüllt

Ausnahme zur Ausnahme 3 zur Regel 17:

Es gibt Einzelfälle, in denen dennoch das Nomen bei „bleiben“, „sein“ oder „werden“ groß zu schreiben ist.

Eindeutige Klarheit darüber verschaffen die Fragen

WAS ? → echter nominaler Gebrauch → Großschreibung

WIE ? → verblasstes Nomen bei **bleiben, sein** oder **werden** → Kleinschreibung

Beispiele:

Es ist ihr **recht** (WIE?), wenn du kommst.
Es ist ihr **Recht** (WAS?), dazu zu schweigen.

Es ist **not** (WIE?), die Probleme aufzuarbeiten.
Es ist **Not** am Manne (WAS?) - wir benötigen jede verfügbare Kraft.

5.3 Großschreibung bei Tageszeiten

Regel 18	**(verpflichtend)**
Angaben von **Tageszeiten nach** (vor-)**gestern, heute,** (über-)**morgen werden großgeschrieben.**	

Beispiele:

Bisher	**Neue Regelung**
gestern abend heute mittag morgen früh vorgestern nachmittag	gestern **Abend** heute **Mittag** morgen **Früh** vorgestern **Nachmittag**

Regel 19	**(verpflichtend)**
Die Verbindung von **Wochentag und Tageszeitangabe** ist **zusammenzuschreiben.**	

Beispiele:

Bisher	**Neue Regelung**
Das Treffen findet Dienstag abend statt.	Das Treffen findet **Dienstagabend** statt.
Mittwoch nachmittag entfällt die Vorstellung.	**(Am) Mittwochnachmittag** entfällt die Vorstellung.

ZUR BEACHTUNG:
Die Kleinschreibung von Wendungen wie **dienstags** (= jeden Dienstag) oder **abends** (=jeden Abend) bleibt unverändert aufrecht.

5.4 Neuregelung der Groß-/Kleinschreibung bei Nominalisierungen

Regel 20	**(verpflichtend)**
Wenn **Wörter aus anderen Wortarten wie Nomen verwendet** werden, sind sie **groß****zuschreiben,** sofern nicht die nachfolgenden Regeln etwas anderes bestimmen.	

Kennzeichen für den Gebrauch als Nomen sind,

dass ein Wort im Satz einen bestimmten Fall einnimmt	**Gleiches** gilt auch für... (Gleiches = 1. Fall, WER/WAS?)
dass ihm ein Artikel vorausgeht	**das** Gleiche gilt ...
oder dass es ein Attribut bei sich hat (z. B. ein Adjektiv oder Wörter wie etwas, alles...)	**alles Ü**brige das **ewige H**in und Her

Durch diese Regelung werden viele bisherige Zweifelsfälle ausgeräumt und konsequent der Großschreibung zugeordnet.

Beispiele:

Einfache feste Fügungen:

das Übrige, im Übrigen, alles Übrige; das Beste ist es, aufs Beste erledigen, zum Besten geben; der Einzelne, im Einzelnen; das Weitere, alles Weitere; das Gleiche, das Wenigste, im Allgemeinen, im Besonderen, im Folgenden, im Wesentlichen, im Voraus, im Nachhinein; nicht im Mindesten, nicht im Entferntesten, nicht im Geringsten, nicht das Geringste verstehen, aufs Neue versuchen, alles Mögliche überlegen, das Möglichste tun, das Richtige tun, das Neueste berichten, es kommt des Öfteren vor, etwas auf Deutsch sagen, als Erster weggehen, der Erste werden, fürs Erste genug haben, jeder

Zehnte, im Dunklen tappen, im Argen liegen, auf dem Laufenden halten.

Paarige feste Fügungen:

des Langen und Breiten diskutieren, im Großen und Ganzen in Ordnung sein, Alt und Jung waren gekommen, das Für und Wider überlegen, ein ewiges Hin und Her, vom Hundertsten ins Tausendste kommen,...

Regel 21	**(verpflichtend)**
Die folgenden unbestimmten Zahladjektive werden immer kleingeschrieben: **viel, wenig,** der/die/das **eine,** der/die/das **andere.**	

Beispiele:

Für **viele / die meisten** war das neu.
Nur **wenige / die wenigsten** wußten davon.
Die einen glauben es, **die anderen** nicht.
Alle anderen stimmten dagegen.

ANMERKUNG:
Damit werden alle anderen unbestimmten Zahladjektive der Großschreibung zugewiesen (vgl. auch Beispiele zu Regel 20):

Das **Übrige** kennen ja alle bereits.
Das **Weitere** besprechen wir später.

Auch die sogenannten Indefinitpronomen bleiben wie bisher der Kleinschreibung zugeordnet:

Es war mit **allen** so vereinbart.
Das sollte **jeder** wissen.
Das konnte **keiner** ahnen.

Regel 22 **(verpflichtend)**

Superlative mit „am" (= dritte Steigerungsstufe) **werden kleingeschrieben,** wenn man nach ihnen mit **„WIE?"** fragen kann, aber **großgeschrieben,** wenn man nach ihnen mit **„WORAN/ WORAUF?"**fragt.

ANMERKUNG:
Diese Regel ist nicht neu, muss jedoch zur Abgrenzung der ähnlich gelagerten Fälle (Regeln 20 und 21) und wegen der neuen Zusatzregel (siehe unten) angeführt werden.

Beispiele:

Diese Gruppe hat **am besten** abgeschnitten. ← WIE?
Am nötigsten wäre jetzt rasche Hilfe. ← WIE?
Es fehlt **am Nötigsten**. ← WORAN?

Zusatzregel zur Regel 22: **(z. T. freigestellt)**
Superlativische Wendungen mit „aufs/ auf das" können groß- oder kleingeschrieben werden, wenn man nach ihnen mit **„WIE?"** fragen kann. **Sie müssen** aber **großgeschrieben werden,** wenn man nach ihnen mit **„WORAN/WORAUF?"** fragen kann .

Beispiele:

aufs herzlichste begrüßen *oder*
aufs Herzlichste begrüßen ← WIE?

aufs schändlichste zugerichtet *oder*
aufs Schändlichste zugerichtet ← WIE?

aber:

aufs Äußerste gefasst sein ← WORAUF?

Regel 23	**(verpflichtend)**
Feste Verbindungen von Präposition + Adjektiv <u>ohne Artikel</u> werden immer **kleingeschrieben.**	

Beispiele:

seit kurzem, seit langem
von weitem, bei weitem
über kurz oder lang

von klein auf
durch dick und dünn
bis auf/ ohne weiteres

5.5 Neuregelung der Groß-/Kleinschreibung bei mehrteiligen Begriffen

Regel 24	**(verpflichtend)**
In **mehrteiligen Begriffen** wird das vorangestellte Adjektiv **nur dann groß geschrieben**, wenn es sich beim Begriff um einen **Eigennamen im engeren Sinn** handelt. ANMERKUNG: Großschreibung gilt aber weiterhin für Ehrentitel (z. B. der Heilige Vater), Funktionsbezeichnungen (z. B. der Erste Bürgermeister), fachsprachliche Klassifizierungsbegriffe (z. B. der Rote Milan), besondere Kalendertage (z. B. der Internationale Frauentag) und bestimmte historische Ereignisse und Epochen (z. B. der Zweite Weltkrieg).	

Diese neue Regelung führt dazu, dass viele gewohnte Schreibweisen nun in die eine oder die andere Richtung geändert werden.

Beispiele:

Bisher	**Neue Regelung**
das Schwarze Brett die Erste Hilfe	das **schwarze Brett** die **erste Hilfe**
der deutsche Schäferhund	der **Deutsche Schäferhund**

(Übungen zu Kapitel 5 siehe S. VI)

6 Fremdwortschreibung

(Änderungen größtenteils freigestellt)

6.1 Englische Fremdwörter und Begriffe

Regel 25	(verpflichtend)
Mehrzahlformen englischer Fremdwörter auf -y müssen (abweichend von der Schreibweise im Englischen) **als -ys geschrieben werden.**	

Beispiele:

Baby	→	Baby**s**	(*bisher:* Babies)
Hobby	→	Hobby**s**	(*bisher:* Hobbies)
Party	→	Party**s**	(*bisher:* Parties)

Regel 26	(größtenteils verpflichtend)
Englischsprachige **Begriffe** werden **größtenteils zusammengeschrieben** (z. B. Liveshow). In getrennt oder gekoppelt geschriebenen Begriffen sind alle nominalen Bestandteile groß zu schreiben (z. B. Hot Pants, Open-End-Diskussion).	

Die Grundtendenz der überwiegenden Zusammenschreibung ist leider keine Regel im eigentlichen Sinne, sondern nur eine vage Richtschnur ohne konkrete Anwendbarkeit.
Unklar bleibt auch, wann und warum getrennt geschrieben bzw. gekoppelt werden kann oder muss.

Durch viele, im Detail kaum erklärbare abweichende Einzelfestlegungen bleibt letzten Endes nur als Lösungsweg das Nachschlagen im Wörterbuch.

Bisher	Neue Regelung
Modern Jazz	**Modernjazz** *oder* **Modern Jazz**
Negro Spiritual	**Negrospiritual** *(nur so!)*
Midlife-crisis	**Midlifecrisis** *oder* **Midlife-Crisis**
Rush-hour	**Rushhour** *(nur so!)*
Small talk	**Smalltalk** *oder* **Small Talk**
Walkie-talkie	**Walkie-Talkie** *(nur so!)*

6.2 Französische Fremdwörter

Regel 27	(freigestellt)
• Französische Fremdwörter mit **-nn-** können wahlweise auch mit **-n-** geschrieben werden. • Französische Fremdwörter, die auf **-é** enden, können auch eingedeutscht mit **-ee** geschrieben werden.	

Beispiele:

Bonbonniere	*oder*	Bonboniere
Ordonnanz	*oder*	Ordonanz
Exposé	*oder*	Exposee
Frappé	*oder*	Frappee
Pappmaché	*oder*	Pappmaschee

6.3 Griechische Fremdwörter

Regel 28	**(freigestellt)**
1	Die Möglichkeit, das **-ph-** in griechischen Fremdwörtern durch **-f-** zu ersetzen, wird um die Wortstämme **-graph-** und **-phon-** erweitert.
2	Der Wortstamm **Delphin** kann wahlweise auch **Delfin** geschrieben werden.
3	**Drei** aus dem Griechischen stammende **Wörter mit -rh-** können in Zukunft auch **wahlweise mit -r-** geschrieben werden; sie sind in der Liste der Beispiele angeführt.

Beispiele zu 1:

Biographie	*oder*	Biografie	
Diktaphon	*oder*	Diktafon	
Graphiker	*oder*	Grafiker	
Orthographie	*oder*	Orthografie	*(In dieser Form ist das Wort allerdings nur halb reformiert! Die alte Schreibweise ist daher vorzuziehen.)*

Beispiele zu 2:

Delphin	*oder*	Delfin
Delphinfang	*oder*	Delfinfang
Delphinschwimmen	*oder*	Delfinschwimmen

Die **drei Wörter** zu 3:

Hämorrhoiden	*oder*	Hämorriden	(hier entfällt auch ein -o-!)
Katarrh	*oder*	Katarr	
Myrrhe	*oder*	Myrre	

ZUR BEACHTUNG:

- Unverändert bleibt die Wahlmöglichkeit für die Wörter **Elefant**/Elephant, **Foto**/Photo und ihre Ableitungen.
- Bei **Phantasie / Fantasie** ändert sich die Unterscheidung der Schreibweise nach der Bedeutung:

bisher:	Vorstellungskraft	= Phantasie
	Musikstück	= Fantasie
neu:	Vorstellungskraft	= **Phantasie** *oder* **Fantasie**
	Musikstück	= **Fantasie**

- Alle anderen Wörter mit **-ph-** müssen - entgegen ursprünglichen Reformplänen - weiterhin unverändert geschrieben werden, z. B.:
  Alphabet, Asphalt, Katastrophe, ...
- Alle anderen Wörter mit **-rh-** bleiben – entgegen ursprünglichen Reformplänen – unverändert, z. B.: Rhabarber, Rheuma, Rhombus, Rhythmus, ...
- Auch alle Fremdwörter mit **-th-** bleiben - entgegen ursprünglichen Reformplänen - unverändert, z. B.: Apotheke, Bibliothek, ...

6.4 Lateinische Fremdwörter

Regel 29 **(freigestellt)**

- Lateinische Fremdwörter, die auf **-tiell, -tial** oder **-tiat** enden, können wahlweise auch mit den Endungen **-ziell, -zial** oder **-ziat** geschrieben werden..
- Lateinische Fremdwörter mit der Pluralendung **-ces** können wahlweise auch mit der Endung **-zes** geschrieben werden.

Beispiele:

existen**tiell**	*oder*	existen**ziell**
Poten**tial**	*oder*	Poten**zial**
Lizen**tiat**	*oder*	Lizen**ziat**
Codi**ces**	*oder*	Codi**zes**

6.5 Einzelfestsetzungen von Wahlformen bei bestimmten Fremdwörtern

Regel 30	**(freigestellt)**
Bei einzeln festgelegten Wörtern kann zwischen der ursprünglichen Wortform und einer eingedeutschten Schreibweise **gewählt** werden.	

Beispiele:

Bravour	*oder neu:* Bravur
Gingko	*oder neu:* Ginko
Necessaire	*oder neu:* Nessessär
Platitude	*oder neu:* Plattitüde

Es empfiehlt sich daher für der Beurteilung der Korrektheit einer Schreibweise im Zweifelsfall das Wörterbuch zu Rate zu ziehen.

ANMERKUNG:
Das Wort

Bravour oder **Bravur**

ist – neben dem schon bisher wahlweise möglichen

Nougat oder **Nugat** –

das einzige französische Fremdwort, das von nun an auch wahlweise mit **-u-** statt **-ou-** geschrieben werden kann.
Alle anderen ursprünglich zur Reform vorgesehenen Wörter mit **-ou-** bleiben unverändert, z. B.

Tourist, Fahrtroute, ...

ACHTUNG: Alle angegebenen Wahlmöglichkeiten bleiben auch nach 2005 aufrecht!
Innerhalb eines Textes muß die Schreibweise solcher Wörter aber gleich bleiben.

(Übungen zu Kapitel 6 siehe S. VIII)

7 Worttrennung am Zeilenende

(teils verpflichtend, teils freigestellt)

Die Worttrennung am Zeilenende („Silbentrennung", „Abteilen") wird einfacher: Es ist erlaubt, aber nicht vorgeschrieben, Wörter **generell nach Sprechsilben** zu trennen, d.h. so, wie sich Wörter beim langsamen Sprechen in Teile zergliedern lassen.

Die Regel, dass Zusammensetzungen und Wörter mit Vorsilben zwischen den Einzelteilen getrennt werden, bleibt unverändert aufrecht:

> Schul-hof, Bei-spiel, ver-liert, aus-einander, er-arbeiten...

Folgende Regelungen sind **neu**:

7.1 Trennung von -st-

Regel 31	**(verpflichtend)**
Wenn -st- beim langsamen Sprechen getrennt gesprochen wird, ist im Fall einer Worttrennung am Zeilenende **zwischen s und t zu trennen**.	

Beispiele:

> **Hus** - **ten**, **Kas** - **ten**, **meis** - **tens**, **güns** - **tig**,
> **Leis** - **tung**, **Os** - **tern**, ...

Aber:

An Wortgrenzen bleibt -st- beim langsamen Sprechen beisammen; daher wird in diesen Fällen auch beim Schreiben nicht getrennt:

> **fest** - lich, ein-**steigen**, **Gast** - haus,
> ver-**stehen**, **Mast**-baum, ...

7.2 Trennung bei -ck-

Regel 32	**(verpflichtend)**
Die Buchstabenverbindung **ck wird nicht getrennt**.	

Obwohl es sich bei **-ck-** um die Schreibweise des **Doppelkonsonanten für k** handelt, wird es nun wie -ch- oder -sch- als **e i n Laut** gewertet und darf daher nicht mehr getrennt werden:

Beispiele:

We - **ck**er, ba - **ck**en, ni - **ck**en, bü - **ck**en ...
(*wie* Ra-che, Wä-sche...)

Aber:

-tz- und alle anderen **Doppelmitlaute** bleiben trennbar:

wi**t-z**ig, Ro**l-l**e, Schü**s-s**el, We**t-t**er...

7.3 Trennung von Einzelbuchstaben

Regel 33	**(freigestellt)**
Am **Wortbeginn** kann auch nach einem einzelnen Selbstlautbuchstaben getrennt werden, wenn dieser beim langsamen Sprechen getrennt zu hören ist.	

Beispiele:

A - bend, **E** - ber, **I** - gel, **U** - hu , **ä** - sen, **o** - ben, ...

Aber:

Ein Einzelbuchstabe **am Wortende** wird **nicht** getrennt:

Klei**e** (**nicht:** Klei-e), Hau**e** (**nicht:** Hau-e)

7.4 Trennung von Fremdwörtern

Für Fremdwörter galten bisher zum Teil andere Silbentrennungsregeln als im Deutschen: Zusammensetzungen mußten nach den Bestandteilen aus der Herkunftssprache getrennt werden. Nun kann man wählen, ob man sie nach Sprechsilben oder wie bisher abteilen will.

Regel 34 **(freigestellt)**

Fremdwörter können bei einer Worttrennung am Zeilenende auch nach Sprechsilben getrennt werden.

Beispiele:

Pädagogik: *entweder* **Pä - da - go - gik** *oder* **Päd - ago - gik**
Hydrant: *entweder* **Hyd - rant** *oder* **Hy - drant**
parallel: *entweder* **pa - ral - lel** *oder* **par - allel**

7.5 Trennung von verblassten Zusammensetzungen

Regel 35 **(freigestellt)**

Einige Zusammensetzungen werden vielfach nicht mehr als solche wahrgenommen oder empfunden. Es sind dies Zusammensetzungen mit **her-, hin-, dar-, war- und wor-.**

Sie können auch nach Sprechsilben getrennt werden.

Beispiele:

her-ein *oder* **he-rein**
hin-aus *oder* **hi-naus**
dar-an *oder* **da-ran**
war-um *oder* **wa-rum**
wor-über *oder* **wo-rüber**

ACHTUNG: Die Wahlmöglichkeit bleibt auch nach 2005 aufrecht! Innerhalb eines Textes sollen die Wörter aber nicht nach wechselnden Grundsätzen getrennt werden.

(Übungen zu Kapitel 7 siehe S. IX)

8 Änderungen bei der Zeichensetzung

(z.T. verpflichtend, z.T. freigestellt)

8.1 Neuregelung in der Kommasetzung (Gruppe 1)

Die Kommasetzung soll nun weniger nach starren grammatikalischen Regeln, sondern eher nach der Schreib- und Gliederungsabsicht des Schreibers erfolgen. Daher wird sie nun in vielen Fällen freigestellt.

8.1.1 Komma vor „und" bzw. „oder"

Bisher war bei gleichrangigen, mit „und" bzw. „oder" verbundenen Hauptsatzreihen ein Beistrich zu setzen, sobald jeder der Sätze ein eigenes Subjekt enthielt.
Bei gleichrangigen Nebensatzreihen mit gleichen Bedingungen durfte hingegen kein Komma gesetzt werden.

Regel 36	(freigestellt)

Bei **gleichrangigen Satzreihen** aller Art, die **mit „und" bzw. „oder"** verbunden sind, **muss kein Beistrich gesetzt werden**.

Es **kann** aber **ein Komma** gesetzt werden, um die Gliederung des Ganzsatzes deutlich zu machen.

Beispiel für gleichrangige Hauptsatzreihe:

> Die Tür war versperrt (,) **und** niemand hatte einen passenden Schlüssel.

Beispiel für gleichrangige Nebensatzreihe:

> Wir wussten, dass die Tür versperrt war(,) **und** niemand einen Schlüssel hatte.

8.1.2 Komma vor satzwertigen Nennform- oder Mittelwortgruppen

Bisher war bei satzwertigen Nennform- bzw. Mittelwortgruppen nach der Anzahl der enthaltenen Satzglieder zu entscheiden, ob ein Beistrich zu setzen war. Darüber hinaus gab es einzelne Sonderregelungen.

Diese Situation wird durch die Neuregelung entscheidend vereinfacht:

Regel 37	**(freigestellt)**
Das **Komma bei Nennformgruppen mit „zu“ und „um zu“ bzw. bei Mittelwortgruppen** ist nun generell freigestellt. Je nach Gliederungsabsicht kann der Schreiber aber auch ein Komma setzen, um die Satzstruktur klarer hervorzuheben.	

Beispiele für satzwertige Nennformgruppen:

> Der Mensch lebt nicht(,) **um zu** essen, sondern er ißt(,) **um** zu leben.
>
> Sie bemühte sich(,) die Sache **zu** vergessen.

Beispiel für satzwertige Mittelwortgruppen:

> Durch die freudige Nachricht **entzückt**(,) fiel sie ihm um den Hals.
>
> Den Brief hoch erhoben **schwenkend**(,) betrat er das Sitzungszimmer.

8.1.3 Komma nach Datumsangaben

Bei Datumsangaben war **bisher** zwischen zwei Formen mit unterschiedlicher Kommasetzung zu unterscheiden:

Die Ferien werden dieses Jahr Freitag**, den** 6. Juli beginnen.

oder:

Die Ferien werden dieses Jahr am Freitag**, dem** 6. Juli**,** beginnen.

Die **neue Regelung** lautet:

Regel 38	**(freigestellt)**
Bei allen Formen von **Datumsangaben** ist es **freigestellt**, **ob man** am Ende der Angabe **ein Komma setzt oder nicht.**	

Beispiele:

Die Ferien werden dieses Jahr Freitag**,** den 6. Juli(**,**) beginnen.

oder:

Die Ferien werden dieses Jahr am Freitag**,** dem 6. Juli(**,**) beginnen.

8.2 Neuregelung beim Doppelpunkt (Gruppe 2)

Regel 39	**(verpflichtend)**
Folgt auf einen Doppelpunkt ein **Ganzsatz**, dann **wird** dieser **groß begonnen**.	

Beispiel:

Die Regel besagt**: B**eginne groß, wenn ein Ganzsatz folgt.

8.3 Neuregelung bei der wörtlichen Rede (Gruppe 3)

Regel 40	**(verpflichtend)**
Vor dem **nachgestellten Begleitsatz** ist **immer ein Komma** zu setzen.	

ANMERKUNG:
Unverändert bleibt, dass am Ende der wörtlichen Rede zwar **Rufzeichen und Fragezeichen** zu setzen sind, **nicht aber ein Punkt**.

Beispiele: „Das war alles“, meinte er.
Kein Punkt! ↑

„Hör auf damit!“, sagte sie.
Neu: Beistrich ↑

„Wer sagt das?“, fragte ich.
Neu: Beistrich ↑

Regel 41	**(verpflichtend)**
Beide Teile, also Begleitsatz **und** wörtliche Rede, erhalten das entsprechende Rufzeichen oder Fragezeichen.	

Das kann dazu führen, dass zwei (gleiche) Satzzeichen knapp hintereinander auftreten!

Beispiele: Hast du gesagt: „Wer war das?“?
Fragesatz + Fragesatz = Fragezeichen + Fragezeichen

Sag ihm: „Er muß kommen!“!
Auffforderung + Aufforderung = Rufzeichen + Rufzeichen

(Übungen zu Kapitel 8 siehe S. X)

9 Neuregelungen beim Bindestrich

(z.T. verpflichtend, z.T. freigestellt)

Regel 42	**(verpflichtend)**
Zusammensetzungen aus Ziffern und Wörtern müssen **mit Bindestrich** versehen werden.	

Beispiele:

4-Zylinder, 8-Tonner, ...
30-jährig, 100-prozentig, 3-silbig, 8-mal, ...
5:3-Sieg, ¾-Takt,...

Regel 43	**(verpflichtend)**
Werden **Ziffern nur mit Suffixen** (=„Nachsilben") **zusammengesetzt**, dann ist **kein Bindestrich** zu setzen.	

Beispiele:

100%ig,
die 68er Generation,
8fach, das 8fache (!), ...

ZUR BEACHTUNG:

8-mal schreibt man nach dieser Neuregelung nun **mit Bindestrich**,
8fach hingegen darf **nicht** mit Bindestrich versehen werden.

Regel 44	**(verpflichtend)**
Beim Zusammentreffen von 3 gleichen Vokalzeichen kann ein Bindestrich gesetzt werden, muß aber nicht.	

Beispiele:

Kaffeeersatz	*oder*	Kaffee-Ersatz
Teeei	*oder*	Tee-Ei
Zooorchester	*oder*	Zoo-Orchester

ANMERKUNG:
Früher war in solchen Fällen der Bindestrich verpflichtend.

Regel 45	**(freigestellt)**
Beim Zusammentreffen von 3 gleichen Konsonanten kann ein Bindestrich gesetzt werden, muß aber nicht.	

Beispiele:

Kunststo**ff-F**enster	*oder*	Kunststo**fff**enster
Sauersto**ff-F**lasche	*oder*	Sauersto**fff**lasche

(vgl. dazu auch Seite 17f.)

ANMERKUNG:
Früher war in solchen Fällen kein Bindestrich möglich.

ACHTUNG: Die Wahlmöglichkeiten im Bereich der Regeln 44 und 45 bleiben auch nach dem Jahr 2005 aufrecht!

Übungen

1 Übung zu „Neuregelung einzelner Wörter“

Die folgende Liste enthält wahlweise

- Wörter, mit **verpflichtenden Änderungen**
- Wörter mit neuer, **zusätzliche Wahlform**
- Wörter, die durch die Reform **nicht geändert** werden

Füllen Sie die Leerstellen sinnrichtig aus: In der Spalte „Neue Schreibweise“ kann es vorkommen, daß Sie die bisherige Schreibweise unverändert übernehmen müssen; bei den Wahlformen werden einige Spalten frei bleiben.

Bisherige Schreibweise	Neue Schreibweise	Zusätzliche Wahlform
Bus - Busse		
Thunfisch		
Stengel		
Schneewächte		
aufwendig		
Tip		
Paket		
As - Asse		
selbständig		
rauh		
Panther		
numerieren		
Gemse		

Lösungen

1 Lösung zu „Neuregelung einzelner Wörter"

Bisherige Schreibweise	Neue Schreibweise	Zusätzliche Wahlform
Bus - Busse	**Bus - Busse**	-
Thunfisch	**Thunfisch**	**Tunfisch**
Stengel	**Stängel**	-
Schneewächte	**Schneewechte**	-
aufwendig	**aufwendig**	**aufwändig**
Tip	**Tipp**	-
Paket	**Paket**	-
As - Asse	**Ass - Asse**	-
selbständig	**selbständig**	**selbstständig**
rauh	**rau**	-
Panther	**Panther**	**Panter**
numerieren	**nummerieren**	-
Gemse	**Gämse**	-

2 Übungen zu „-ss- oder ß?“

a) Schreiben Sie die vorgegebenen Reihen entsprechend der neuen Orthographie um:

schließen - schloß - geschlossen - der Schluß

heißen - hieß - geheißen - die Verheißung

wissen - du weißt - ihr wißt - ich wußte - gewußt

genießen - er genießt - genoß - genossen - der Genuß

b) Ergänzen Sie in den Lücken -ss- oder **-ß-** :

bewu__t, hä__lich, au__en, Erstkla__ler, Mei__el, Flo__, Fa__, gewi__enhaft, Schwimmflo__en, Ba__, ein bi__chen, geme__en, na__, Ma__band, Fu__, Ha__, Me__e, Ru__land, drau__en, gro__, be__er, flie__end, mä__ig, bla__, gela__en, pa__end, genu__voll, schlie__lich, Schlü__el, Scho__hund, gefa__t.

2 Lösung zu „-ss- oder ß?

a) Schreiben Sie die vorgegebenen Reihen entsprechend der neuen Orthographie um:

schließen - schloß - geschlossen - der Schluß

schließen - schloss - geschlossen - der Schluss

heißen - hieß - geheißen - die Verheißung

heißen - hieß - geheißen - die Verheißung

wissen - du weißt - ihr wißt - ich wußte - gewußt

wissen - du weißt - ihr wisst - ich wusste - gewusst

genießen - er genießt - genoß - genossen - der Genuß

genießen - er genießt - genoss - genossen - der Genuss

b) Ergänzen Sie in den Lücken **-ss-** oder **-ß-** :

bewu**ss**t, hä**ss**lich, au**ß**en, Erstkla**ss**ler, Mei**ß**el, Flo**ß**, Fa**ss**, gewi**ss**enhaft, Schwimmflo**ss**en, Ba**ss**, ein bi**ss**chen, geme**ss**en, na**ss**, Ma**ß**band, Fu**ß**, Ha**ss**, Me**ss**e, Ru**ss**land, drau**ß**en, gro**ß**, be**ss**er, flie**ß**end, mä**ß**ig, bla**ss**, gela**ss**en, pa**ss**end, genu**ss**voll, schlie**ß**lich, Schlü**ss**el, Scho**ß**hund, gefa**ss**t.

3 Übung zum „Zusammentreffen von drei gleichen gleichen Mitlauten“

Füllen Sie die Tabelle aus! – In der dritten Spalte ist zum Teil auch die Worttrennung (siehe S. 55) neu!

Zusammensetzung	Zukünftige Schreibweise (ungetrennt)	Zukünftige Worttrennung (alle Möglichkeiten)
FLUSS+SCHIFF + FAHRT		
FETT + TRIEFEND		
MITT(E) + TAG		
SCHADSTOFF + FREI		
DÄMM(EN) + MASSE		
SCHALL + LOCH		
KUNSTSTOFF + FENSTER		
IMBISS + STUBE		
DENN + NOCH		
BLOSS + STELLEN		
BETT + TUCH		
KONGRESS + STADT		
SCHWIMM(EN) + MEISTER		
FUSS + STÜTZE		
DRITT + TE(I)L		
NULL+LEITER		

3 Lösung zum „Zusammentreffen von drei gleichen Buchstaben"

Zusammenset-zung	Zukünftige Schreibweise (ungetrennt)	Zukünftige Worttrennung (alle Möglichkeiten)
FLUSS+SCHIFF + FAHRT	**Flussschifffahrt**	**Fluss-schiff-fahrt** **Flussschiff-Fahrt** **Fluss-Schifffahrt**
FETT + TRIEFEND	**fetttriefend**	**fett-trie-fend**
MITT(E) + TAG	**Mittag**	**Mit-tag (!)**
SCHADSTOFF + FREI	**schadstofffrei**	**schad-stoff-frei**
DÄMM(EN) + MASSE	**Dämmmasse**	**Dämm-mas-se** **Dämm-Masse**
SCHALL + LOCH	**Schallloch**	**Schall-loch** **Schall-Loch**
KUNSTSTOFF + FENSTER	**Kunststofffenster**	**Kunst-stoff-fens-ter** **Kunststoff-Fenster**
IMBISS + STUBE	**Imbissstube**	**Im-biss-stu-be** **Imbiss-Stube**
DENN + NOCH	**dennoch**	**den-noch (!)**
BLOSS + STELLEN	**bloßstellen**	**bloß-stel-len**
BETT + TUCH	**Betttuch**	**Bett-tuch** **Bett-Tuch**
KONGRESS + STADT	**Kongressstadt**	**Kon-gress-stadt** **Kongress-Stadt**
SCHWIMM(EN) + MEISTER	**Schwimmmeister**	**Schwimm-meis-ter** **Schwimm-Meister**
FUSS + STÜTZE	**Fußstütze**	**Fuß-stüt-ze** **Fuß-Stütze**
DRITT + TE(I)L	**Dritte(i)l**	**Drit-te(i)l (!)**
NULL+LEITER	**Nullleiter**	**Null-leiter**

4 Übungen zu „Getrennt-/Zusammen-schreibung“

Zur Beachtung: Diese Übungen sind besonders schwierig!

a) Versuchen Sie aufgrund der dargestellten Regeln die neue Schreibweise folgender **Verben** zu klären:

Bisherige Schreibweise	**Neue Schreibweise**	Begründung
eislaufen		
hinüberlegen		
verlorengehen		
aufwärtsgehen		
zurechtmachen		
spazierengehen		
nahebringen		
stillegen		
müßiggehen		
übergeben		
bereitsein		
herbeikommen		
ruhigstellen		
zunichtemachen		
leichtfallen		
hinaufgehen		

4 Lösungen zu „Getrennt- und Zusammenschreibung“

a) Versuchen Sie aufgrund der dargestellten Regeln die neue Schreibweise folgender **Verben** zu klären:

Bisherige Schreibweise	Neue Schreibweise	Begründung
eislaufen	**Eis laufen**	Getrenntschreibung von Nomen+Verb (Regel 4)
hinüberlegen	**hinüberlegen**	Zusammenschreibung laut Liste (Ausnahme zu Regel 10)
verlorengehen	**verloren gehen**	Getrenntschreibung von Partizip+Verb (Regel 7)
aufwärtsgehen	**aufwärts gehen**	Getrenntschreibung von zweiteiligem Adverb+Verb (Regel 10)
zurechtmachen	**zurechtmachen**	Zusammenschreibung laut Liste (Ausnahme zu Regel 10)
spazierengehen	**spazieren gehen**	Getrenntschreibung von Verb+Verb (Regel 8)
nahebringen	**nahe bringen**	Getrenntschreibung wegen Steigerbarkeit (Regel 5)
stillegen	**stilllegen**	Zusammenschreibung wegen Nichtsteigerbarkeit (Regel 5)
müßiggehen	**müßig gehen**	Getrenntschreibung wegen der Endung -ig (Regel 6)
übergeben	**übergeben**	Zusammenschreibung festgelegt (‘über’=einteiliges Adv.; Regel 10)
bereitsein	**bereit sein**	Getrenntschreibung von Verbindungen mit ‘sein’ (Regel 9)
herbeikommen	**herbeikommen**	Zusammenschreibung laut Liste (Ausnahme zu Regel 10)
ruhigstellen	**ruhig stellen**	Getrenntschreibung wegen der Endung -ig (Regel 6)
zunichtemachen	**zunichte machen**	Getrenntschreibung von zweiteiligem Adverb+Verb (Regel 10)
leichtfallen	**leicht fallen**	Getrenntschreibung wegen Steigerbarkeit (Regel 5)
hinaufgehen	**hinaufgehen**	Zusammenschreibung laut Liste (Ausnahme zu Regel 10)

b) Versuchen Sie aufgrund der dargestellten Regeln die neue Schreibweise folgender **Adjektive** zu klären.
Achtung:
Die Liste enthält auch Wörter, die durch keine der Neuregelungen betroffen sind und daher unverändert bleiben.

Bisherige Schreibw.	Neue Schreibweise	Begründung
riesengroß		
dichtverbaut		
tagelang		
blendendweiß		
riesiggroß		
haushoch		
lebensmüde		
freudestrahlend		
heißbegehrt		
feuerspeiend		
fingerbreit		
weitgereist		
millimetergenau		
bahnbrechend		
verlorengegangen		
holzverarbeitend		
brachliegend		
schlechtverdaut		
kochendheiß		

b) Versuchen Sie aufgrund der dargestellten Regeln die neue Schreibweise folgender **Adjektive** zu klären.

Bisherige Schreibweise	Neue Schreibweise	Begründung
riesengroß	**riesengroß**	Zusammenschreibung (Ausnahme zu Regel 15: groß wie die Riesen)
dichtverbaut	**dicht verbaut**	Getrenntschreibung wegen Steigerbarkeit (Regel 11)
tagelang	**tagelang**	Zusammenschreibung (Ausnahme zu Regel 15: mehrere Tage lang)
blendendweiß	**blendend weiß**	Getrenntschreibung von Partizip +Adjektiv (Regel 12)
riesiggroß	**riesig groß**	Getrenntschreibung von Wörtern auf -ig (Regel 14)
haushoch	**haushoch**	Zusammenschreibung (Ausnahme zu Regel 15: hoch wie ein Haus)
lebensmüde	**lebensmüde**	keine Neuregelung zutreffend, daher Zusammenschreibung
freudestrahlend	**freudestrahlend**	Zusammenschreibung (Ausnahme zu Regel 15: vor Freude strahlend)
heißbegehrt	**heiß begehrt**	Getrenntschreibung wegen Steigerbarkeit (Regel 11)
feuerspeiend	**Feuer speiend**	Getrenntschreibung von Nomen + Partizip (Regel 15)
fingerbreit	**fingerbreit**	Zusammenschreibung (Ausnahme zu Regel 15: breit wie ein Finger)
weitgereist	**weit gereist**	Getrenntschreibung wegen Steigerbarkeit (Regel 11)
millimetergenau	**millimetergenau**	Zusammenschreibung (Ausnahme zu Regel 15: auf den Millim.genau)
bahnbrechend	**bahnbrechend**	Zusammenschreibung (Ausnahme zu Regel 15: sich eine B.brechend)
verlorengegangen	**verloren gegangen**	Getrenntschreibung, weil Ausgangsverb getrennt (Regel 13)
holzverarbeitend	**Holz verarbeitend**	Getrenntschreibung von Nomen + Partizip (Regel 15)
brachliegend	**brachliegend**	keine Neuregelung zutreffend, daher Zusammenschreibung
schlechtverdaut	**schlecht verdaut**	Getrenntschreibung wegen Steigerbarkeit (Regel 11)
kochendheiß	**kochend heiß**	Getrenntschreibung von Partizip + Adjektiv (Regel 12)

5 Übungen zu„Groß- und Kleinschreibung“

a) Schreibung von Anredepronomen

Übertragen Sie folgenden Briefausschnitt in die nach der Reform gültige Schreibweise!

> *Werdet Ihr zu Weihnachten kommen? Habt Ihr es Euch schon überlegt? - Wir würden uns über Euren Besuch sehr freuen, weil wir Euch so lange nicht mehr gesehen haben.*

Vertraute Anrede: DU, DICH ...	**Höflichkeitsform: SIE, IHNEN ...**
______________________	______________________
______________________	______________________
______________________	______________________
______________________	______________________
______________________	______________________

Welche Regel gilt für die vertraute Anrede (DU, IHR...) ?

____

Welche Regel gilt für die Höflichkeitsform (SIE, IHNEN...) ?

____

5 Lösungen zu „Groß- und Kleinschreibung"

a) Schreibung von Anredepronomen

Vertraute Anrede: DU, DICH ...	Höflichkeitsform: SIE, IHNEN ...
Wirst du zu Weihnachten kommen? Hast du es dir schon überlegt? Wir würden uns über deinen Besuch sehr freuen, weil wir dich so lange nicht mehr gesehen haben.	*Werden Sie zu Weihnachten kommen? Haben Sie es sich schon überlegt? Wir würden uns über Ihren Besuch sehr freuen, weil wir Sie so lange nicht mehr gesehen haben.*

Welche Regel gilt für die vertraute Anrede (DU, IHR...) ?

<u>Die Fürwörter der vertrauten Anrede werden immer klein geschrieben.</u>

Welche Regel gilt für die Höflichkeitsform (SIE, IHNEN...) ?

<u>Die Höflichkeitsformen der Anrede werden immer groß geschrieben.</u>

b) Großschreibung von Nomen und Nominalisierungen

Übertragen Sie die folgenden Wendungen in die neue Schreibweise:

GESTERN FRÜH, MIT BEZUG AUF, OHNE WEITERES, ICH BIN SCHULD DARAN, IM ALLGEMEINEN, DAS MÖGLICHSTE TUN, ALLE ANDEREN, DE FACTO, ETWAS WICHTIGES, SIE HABEN RECHT, AUSSER ACHT LASSEN, BEI WEITEM, IM VORAUS, ES IST MIR RECHT, VOR ALLEM, NICHT IM GERINGSTEN, MORGEN ABEND, IN BEZUG AUF, IM ÜBRIGEN, SONNTAG NACHMITTAG, MASSHALTEN, AUFS HERZLICHSTE GRÜSSEN, DIE MEISTEN, BIS AUF WEITERES, AUF DEM LAUFENDEN HALTEN, ALLES WEITERE, AM BESTEN, FÜR VIELE, DIE WENIGSTEN, DIE BESTEN, DAS IST SEIN (GUTES) RECHT, DER ERSTE.

b) Großschreibung von Nomen und Nominalisierungen

Übertragen Sie die folgenden Wendungen in die neue Schreibweise:

GESTERN FRÜH, MIT BEZUG AUF, OHNE WEITERES, ICH BIN SCHULD DARAN,IM ALLGEMEINEN, DAS MÖGLICHSTE TUN, ALLE ANDEREN, DE FACTO, ETWAS WICHTIGES, SIE HABEN RECHT, AUSSER ACHT LASSEN, BEI WEITEM, IM VORAUS, ES IST MIR RECHT, VOR ALLEM, NICHT IM GERINGSTEN, MORGEN ABEND, IN BEZUG AUF, IM ÜBRIGEN, SONNTAG NACHMITTAG, MASSHALTEN, AUFS HERZLICHSTE GRÜSSEN, DIE MEISTEN, BIS AUF WEITERES, AUF DEM LAUFENDEN HALTEN, ALLES WEITERE, AM BESTEN, FÜR VIELE, DIE WENIGSTEN, DIE BESTEN, DAS IST SEIN (GUTES) RECHT, DER ERSTE.

gestern Früh, mit Bezug auf, ohne weiteres, ich bin schuld daran, im Allgemeinen, das Möglichste tun, alle anderen, de facto, etwas Wichtiges, Sie haben Recht, außer Acht lassen, bei weitem, im Voraus, es ist mir recht, vor allem, nicht im geringsten, morgen Abend, in Bezug auf, im Übrigen, Sonntagnachmittag(!), Maß halten, aufs H/herzlichste grüßen, die meisten, bis auf weiteres, auf dem Laufenden halten, alles Weitere, am besten, für viele, die wenigsten, die Besten, das ist sein (gutes) Recht, der Erste.

6 Übungen zu „Fremdwortschreibung"

Kreisen Sie alle Wörter ein, deren Schreibweise nach der neuen Rechtschreibung richtig ist, alle unzulässigen Schreibweisen streichen sie durch!
Achtung! - Die Zusammenstellung enthält auch Wörter, die weder nach der alten noch nach der neuen Rechtschreibung richtig sind.

Rabarber Turist Katarrh

Biografie Frappee Hobbies

Bibliotek Delfin Bravur

Potential Aftershavelotion

Delphin Teater Telegraf

Myrrhe Reuma Asfalt

Katarr substanziell Mikrofon

Necessär Bonbonniere Lobbys

offiziell Strofe Bonboniere

Rytmus Ginko

6 Lösungen zu „Fremdwortschreibung“

~~Rabarber~~ ~~Turist~~ Katarrh

Biografie Frappee ~~Hobbies~~

~~Bibliotek~~ Delfin Bravur

Potential Aftershavelotion

Delphin ~~Teater~~ Telegraf

Myrrhe ~~Reuma~~ ~~Asfalt~~

Katarr substanziell Mikrofon

~~Necessär~~ Bonbonniere Lobbys

offiziell ~~Strofe~~ Bonboniere

~~Rytmus~~ Ginko

7 Übungen zu „Worttrennung am Zeilenende“

Teilen Sie die folgenden Wörter an allen Stellen, wo dies möglich ist:

hastig	______________	Flecken	______________
Problem	______________	hinüber	______________
Bäckerei	______________	Wüste	______________
Haie	______________	Pädagogik	______________
darauf	______________	Ufer	______________
festlich	______________	wickeln	______________
rostig	______________	Helikopter	______________
Zucker	______________	Magnet	______________
Ostern	______________	aber	______________
darüber	______________	Klaue	______________
Abstand	______________	Plastik	______________

7 Lösungen zu „Worttrennung am Zeilenende“

Teilen Sie die folgenden Wörter an allen Stellen, wo dies möglich ist:

hastig	**has - tig**	Flecken	**Fle-cken**
Problem	**Pro-blem** *oder* **Prob-lem**	hinüber	**hin-ü-ber** *oder* **hi-nü-ber**
Bäckerei	**Bä-cke-rei**	Wüste	**Wüs-te**
Haie	**Haie**	Pädagogik	**Päd-ago-gik** *oder* **Pä-da-go-gik**
darauf	**dar-auf/da-rauf**	Ufer	**U-fer**
festlich	**fest-lich**	wickeln	**wi-ckeln**
rostig	**ros-tig**	Helikopter	**He-li-ko-pter** *oder* **He-li-kop-ter**
Zucker	**Zu-cker**	Magnet	**Ma-gnet/ Mag-net**
Ostern	**Os-tern**	aber	**a-ber**
darüber	**dar-ü-ber** *oder* **da-rü-ber**	finster	**fins-ter**
Abstand	**Ab-stand**	Plastik	**Plas-tik**

8 Übungen zu „Zeichensetzung“

a) Kennzeichnen Sie in den folgenden Sätzen alle Beistriche, die nach den neuen Regeln nicht mehr gesetzt werden müssen.

Fröhlich ihre Fahnen schwenkend, betraten Sie das Stadion, um ihre Fußballstars zu bejubeln.

Es war mitten in der Nacht, als plötzlich, donnernd und brausend wie ein Orkan, ein Gewitter losbrach.

Wir alle bemühten uns redlich, sie wieder zu beruhigen, aber sie war einfach zu sehr geschockt worden.

Um einander im Schneetreiben nicht zu verlieren, blieben wir immer in Rufweite beisammen, und das sollte sich sehr bewähren, denn so fühlten wir uns sicher..

Von alledem nichts ahnend, verließ sie sich völlig darauf, dass die Sache glatt gehen würde.

8 Lösungen zu „Zeichensetzung“

a) Kennzeichnen Sie in den folgenden Sätzen alle Beistriche, die nach den neuen Regeln nicht mehr gesetzt werden müssen.

Fröhlich ihre Fahnen schwenkend**(,)** betraten sie das Stadion**(,)** um ihre Fußballstars zu bejubeln.

Es war mitten in der Nacht, als plötzlich**(,)** donnernd und brausend wie ein Orkan**(,)** ein Gewitter losbrach.

Wir alle bemühten uns redlich**(,)** sie wieder zu beruhigen, aber sie war einfach zu sehr geschockt worden.

Um einander im Schneetreiben nicht zu verlieren**(,)** blieben wir immer in Rufweite beisammen**(,)** und das sollte sich sehr bewähren, denn so fühlten wir uns sicher.

Von alledem nichts ahnend**(,)** verließ sie sich völlig darauf, dass die Sache glatt gehen würde.

b) Ergänzen Sie die fehlende **Zeichensetzung bei der wörtlichen Rede**:

Woher weißt du das fragte ich sie

Sag einfach streng zu ihm Geh nach Hause

Komm bitte her rief ich ihr zu

Sagtest du Wer weiß das schon

Jetzt ist alles klar bekräftigte er

Wolltest du sagen Vergiss das bitte nie wieder

c) Schreiben Sie den vorgegebenen Satz in beiden richtigen Varianten für die **Kommasetzung bei Datumsangaben**:

Die Ausschusssitzung wird am Montag dem 3. April stattfinden.

____

____

b) Ergänzen Sie die fehlende **<u>Zeichensetzung bei der wörtlichen Rede</u>**:

„Woher weißt du das?“, fragte ich sie.

Sag einfach streng zu ihm: „Geh nach Hause!“!

„Komm bitte her!“, rief ich ihr zu.

Sagtest du: „Wer weiß das schon?“?

„Jetzt ist alles klar“, bekräftigte er.

Wolltest du sagen: „Vergiss das bitte nie wieder!“?

c) Schreiben Sie den vorgegebenen Satz in beiden richtigen Varianten für die **Kommasetzung bei Datumsangaben**:

Die Ausschusssitzung wird am Montag, dem 3. April stattfinden.

Die Ausschusssitzung wird am Montag, dem 3. April, stattfinden.

Anhang A: Begriffserklärungen

Fachausdruck	Deutsche Bezeichnung	Beispiele
Substantiv Nomen	**„Hauptwort" Namenwort**	(das) Büro, (die) Arbeitszeit, (der) Sessel ...
Artikel	**Begleiter**	der, die, das; ein, eine,
Verb	**Zeitwort**	arbeitet, verstehst, ...
Infinitiv nominalisierter Infinitiv	**Nennform** (Grundform des Zeitworts)	arbeiten, verstehen, ... nominalisiert: das Arbeiten, ...
Partizip	**Mittelwort** (Form des Zeitworts, die wie ein Adjektiv gebraucht werden kann)	arbeitend, dankend,... verstanden, gesendet ...
Adjektiv	**Eigenschaftswort**	pünktlich, genau, sicher
Superlativ	**3. Steigerungsstufe / Vergleichsform**	am pünktlichsten, am genauesten ...
Anredepronomen (Personalpronomen) (Possessivpronomen)	**2. Person des persönlichen** (Personalpronomen) **und des besitzanzeigenden Fürworts** (Possessivpronomen)	du, deiner, ... dein, deine ...
Indefinitpronomen	**unbestimmte Fürwörter**	einige, alle ...
unbestimmte Zahladjektive		kein, viel, wenige, einzelne...

Fachausdruck	Deutsche Bezeichnung	Beispiele
Präposition	**Vorwort**	für, mit, bei ..
Adverb	**Umstandswort** (unterschieden nach Ort, Zeit, Art, Grund)	da (einteilig) hinüber (zweiteilig)
(Konjunktion)	**Bindewort**	und, oder, weil, wenn, ob, ...
Subjekt	**Satzgegenstand** (WER?/WAS?)	**Sie** nahm sich die Zeit....
Attribut	**Beifügung** (nähere Bestimmung zu einem Satzglied; Frage: WAS FÜR EIN ...?)	ein **kleiner** Hund WAS FÜR EIN HUND? → ein kleiner
Vokal	**Selbstlaut**	a - e - i - o - u - ä - ö- ü
Konsonant	**Mitlaut**	b, d, l, m, r, s, w, ...
(Diphthong)	**Zwielaut**	au, äu, ei, eu, ...
	Wortstamm (bedeutungstragender 'Kern' eines Wortes)	Wortstamm **-fahr-:** **fahr**en, **Fahr**er, **Fahr**t, abge**fahr**en
	Stammwechsel	**fahr**en → **fuhr** → ge**fahr**en

Aufgabe und Organisation des ON

Das Österreichische Normungsinstitut hat die Aufgabe, österreichische Normen – ÖNORMEN – zu schaffen und herauszugeben. Die Erstellung von ÖNORMEN ist dem ON – und nur diesem – aufgrund des Bundesgesetzes über das Normenwesen (BGBl. Nr. 240/1971 Normengesetz 1971) aufgetragen. Im allgemeinen können nur ÖNORMEN den österreichischen Gesetzen, den klimatischen und geographischen Bedingungen unseres Landes und der besonderen Situation der einheimischen Wirtschaft voll Rechnung tragen.

Die europäische und die internationale Normung gewinnen aufgrund der zunehmenden wirtschaftlichen Verflechtung und der Vereinheitlichung der wissenschaftlichen und technischen Fachsprachen immer mehr an Bedeutung. Ihr Einfluß auf die wirtschaftliche Entwicklung der einzelnen Länder nimmt ständig zu.

Österreich ist durch das ON in den europäischen – Comité Européen de Normalisation (CEN) – und internationalen Gremien – International Organization for Standardization (ISO) – vertreten. Österreichische Fachleute sind bemüht, die Interessen der heimischen Wirtschaft dort zu wahren. Europäische Normungs-dokumente müssen grundsätzlich in das österreichische Normenwerk (als ÖNORM EN, ÖNORM HD oder ÖNORM ENV) übernommen werden. Widersprechende nationale Normen müssen zurückgezogen werden. Internationale Normen können übernommen werden, müssen aber nicht.

Die Normungsarbeit wird von rund 7.700 Fachleuten ehrenamtlich geleistet. Diese Fachleute sind Vertreter der Hersteller, des Handels, der Behörden, der Wissenschaft und der Verbraucher.

Das ON koordiniert die Tätigkeit dieser Mitarbeiter in rund 1.100 Arbeitsgremien (Fachnormenausschüssen, Fachnormenunterausschüssen und Arbeitsgemeinschaften), legt die Entwürfe zu neuen ÖNORMEN öffentlich zum Einspruch auf und sorgt schließlich für den Druck und den Vertrieb der Normen.

Das Österreichische Normenwerk umfaßt derzeit mehr als 7.000 ÖNORMEN.

Geltungsdauer von ÖNORMEN

Für neu herausgegebene oder überarbeitete ÖNORMEN gilt als Stichtag der Gültigkeit jeweils der erste Tag des Ausgabemonats. Er ist in der rechten oberen Ecke der Titelseite der ÖNORM vermerkt. Erscheinen und Stichtag werden in der Fachzeitschrift "CONNEX" und im "Amtsblatt zur Wiener Zeitung" angekündigt.

ÖNORMEN werden in regelmäßigen Abständen auf ihre Aktualität überprüft und, falls sie nicht mehr dem Stand der Technik entsprechen, überarbeitet. Veraltete Fassungen werden zurückgezogen. Die Zurückziehungen werden ebenfalls in "CONNEX" und im "Amtsblatt zur Wiener Zeitung" angekündigt.

Information

Über den jeweils aktuellen Stand des österreichischen Normenwerks informieren umfassend:

- der jährlich erscheinende **ON-KATALOG** und die kumulativ aufgebauten Ergänzungshefte
- die **Fachzeitschrift CONNEX** bringt in kurzer und übersichtlicher Form alle für die Wirtschaft wichtigen Nachrichten über Änderungen im österreichischen, europäischen und internationalen Normenwerk, Entwicklungen in der europäischen und in der internationalen Normungsarbeit, über Änderungen im Recht der Technik, über anonymisierte Entscheidungen der Vergabekontrollkommission.
- **ON•D.*I.S.C.***, die neue elektronische Datenbank des ON, bringt mit monatlichen Updates den jeweils aktuellen Stand des österreichischen Normenwerks sowie anderer Österreichischer Technischer Regeln.
- Der **ON InfoPoint** steht zusätzlich gegen Entgelt mit zahlreichen Dienstleistungen und Informationsmöglichkeiten zu Normen und ihrem rechtlichen Umfeld zur Verfügung.

Darüberhinaus bietet das ON in seinen Verkaufsräumlichkeiten (1020 Wien, Heinestraße 38) die **Möglichkeit zur kostenlosen Einsichtnahme** in ÖNORMEN, in Internationale Normen sowie in ausländische Normen. Insgesamt stehen für den Interessenten rund 600.000 Normungsdokumente aus aller Welt zur Einsichtnahme und zum Kauf bereit.

In den **ÖNORMEN-Handbüchern** sind die für einen bestimmten Anwendungsbereich wichtigen Normen zusammengefaßt. Die Handbücher werden durchschnittlich alle zwei Jahre überarbeitet und auf den aktuellen Stand gebracht. Allerdings können während der Laufzeit eines Handbuchs Änderungen eintreten (Neuausgabe oder Zurückziehung von Normen), weshalb es besonders wichtig ist, bei der Anwendung von Normen auf deren Gültigkeit zu achten. Auf Anfrage gibt darüber der ON Verkauf gerne Auskunft: Tel. (0222) 213 00 – 805.

Weiters bietet der ON Verkauf eine Vielzahl von **Katalogen ausländischer Normungsorganisationen** und **Fachliteratur** zu fast allen Bereichen der Normung, aber auch **Anwendersoftware** und **mehrsprachige elektronische Datenbanken** (PERINORM) sowie **Volltext-Normensammlungen auf CD ROM** (NormImage 1 & 2).

Zugleich ist das ON die Österreich-Repräsentanz des Berliner **Beuth** Verlags, eines der größten deutschsprachigen technisch-wissenschaftlichen Verlage, dessen Schwerpunkt der Bereich Normung (v.a. DIN) bildet.